Univers des

Sous la direction de

CORNEILLE

HORACE

Tragédie
avec une notice sur le théâtre au temps de Corneille,
une biographie chronologique de Corneille, une étude
générale de son œuvre, le récit de Tite-Live,
l'Examen de 1660, une analyse méthodique de la pièce,
des notes, des questions

par

Pol GAILLARD

Agrégé de l'Université

BORDAS

Frontispice de l'édition princeps

© Bordas, Paris 1962 - 1re édition
© Bordas, Paris 1984 pour la présente édition
I.S.B.N. : 2-04-016019-1;   I.S.S.N. 1142-6543

LE THÉÂTRE
AU TEMPS DE CORNEILLE

Origines du théâtre parisien

1402   Les Confrères de la Passion (société de bons bourgeois : tapissiers, merciers, notables) sont installés par Charles VI à l'hôpital de la Sainte-Trinité, rue Saint-Denis. Ils y présentent des mistères, des farces, des moralités.

1539   Ils transportent leurs pénates à l'Hôtel de Flandre.

1543   Celui-ci démoli, ils font construire une salle à l'emplacement de l'hôtel des anciens ducs de Bourgogne (il en reste la Tour de Jean sans Peur et une inscription au n° 29 de la rue Étienne-Marcel), tout près de l'ancienne Cour des Miracles.

1548   Un arrêt du Parlement défend aux Confrères la représentation des pièces religieuses, leur réservant en retour le droit exclusif de jouer les pièces profanes.

Les Troupes au XVIIᵉ siècle

1. L'Hôtel de Bourgogne. — Locataires de la Confrérie, les « Grands Comédiens », comme on les appelle, sont des « artistes expérimentés », réputés surtout pour la tragédie. Le titre de « Troupe royale », une pension de 12 000 livres accordée par Louis XIII confèrent à « l'Hôtel de Bourgogne » un caractère quasi officiel.

2. Le Théâtre du Marais. — La troupe ambulante de Lenoir et Mondory est « établie » dans la capitale, selon Corneille, par le succès de *Mélite* (1629), confirmé par le triomphe du *Cid* (1636-37). Mais, à partir de 1660, la troupe n'a plus « un seul bon acteur ny une seule bonne actrice » (Tallemant des Réaux), aussi cherche-t-elle le salut dans les représentations à grand spectacle, les « pièces à machines » pour lesquelles on double le prix des places.

3. La troupe de Molière. — Après l'échec de l' « Illustre Théâtre » (1645) et la longue expérience (1645-1658) du théâtre itinérant dans les provinces, Molière s'établit dans la salle du Petit-Bourbon, et sa troupe prend le nom de « Troupe de Monsieur ». Elle excelle dans la comédie, mais joue aussi la tragédie (celle de Corneille notamment). Installée dans la salle du Palais-Royal à partir de 1660, elle est concurrencée par l'Opéra en 1669. A la mort de Molière (1673), elle fusionne avec le « Théâtre du Marais » et la nouvelle troupe devient « l'Hôtel Guénégaud », puis la « Comédie française » après sa jonction avec « l'Hôtel de Bourgogne » (1680).

4. L'Opéra. — L'Académie royale de musique, dirigée par Lully (1672), obtient de plus en plus de succès par ses spectacles somptueux, où la musique et la danse concourent à l'effet dramatique du texte.

5. Troupes intermittentes. — La « Comédie italienne » est animée par Scaramouche (Tiberio Fiurelli), mime d'une étonnante virtuosité. Improvisant sur un canevas, selon le principe de la « comedia dell'arte », ses acteurs, bien qu'ils jouent en italien, obtiennent un vif succès grâce à leur mimique expressive. Des troupes espagnoles, les « farceurs » du Pont-Neuf (Tabarin), les chanteurs de la Samaritaine, les bateleurs de la foire Saint-Germain, voire des « danseurs moscovites » contribuent à divertir le badaud peuple de Paris. De nombreux collèges (celui de Clermont en particulier) continuent la tradition du XVIe siècle et jouent des tragédies à sujet religieux en fin d'année.

Les comédiens : condition morale

Par ordonnance du 16 avril 1641, Louis XIII les a relevés de la déchéance qui les frappait : « Nous voulons que leur exercice qui peut innocemment divertir nos peuples de diverses occupations mauvaises, ne puisse leur être imputé à blâme, ni préjudice à leur réputation dans le commerce public. »

Cependant, l'hostilité de l'Église catholique et de l'Église réformée subsiste : le *Rituel du diocèse de Paris* prescrit d'exclure de la communion comme « manifestement infâmes » les « comédiens, usuriers, magiciens, sorciers, blasphémateurs et autres semblables pécheurs ».

La *Discipline des protestants de France* (chap. XIV, art. 28) réprouve le théâtre : « Ne sera loisible aux fidèles d'assister aux comédies, tragédies, farces, moralités et autres jeux joués en public et en particulier, vu que de tout temps cela a été défendu entre les chrétiens comme apportant corruption de bonnes mœurs. »

Bossuet renouvelle la condamnation du théâtre et des comédiens (*Maximes et Réflexions sur la comédie*, 1694). Il faut toute l'autorité de Louis XIV pour que Molière repose en terre d'église. Au XVIIIe siècle, Adrienne Lecouvreur, adulée de son vivant, sera jetée à la voirie, parce qu'elle n'aura pas renoncé par écrit à sa profession, avant de mourir.

LA VIE DE CORNEILLE (1606-1684)

1606 (6 juin). Naissance de PIERRE CORNEILLE, rue de la Pie, à Rouen, près du Vieux Marché, dans la maison achetée par son grand-père, conseiller référendaire à la Chancellerie du Parlement de Normandie. Cette maison, dont héritera le poète, est aujourd'hui le Musée Pierre Corneille. Toute la famille, d'honorable bourgeoisie, exerce des fonctions juridiques ou ecclésiastiques : le père est maître des Eaux et Forêts, la grand-mère était la nièce du greffier criminel au Parlement. Parmi les oncles, l'un est curé près d'Yvetot, un autre procureur au Parlement; seul, le troisième se contente de ses propriétés rurales. En somme, un milieu aisé, solidement enraciné dans sa province, respectueux des traditions et des hiérarchies du temps.

1615-1622 Au collège des Jésuites de Rouen, Pierre Corneille reçoit une solide formation religieuse et une culture essentiellement latine. Il se distingue dans les compositions de vers latins (deux premiers prix) comme, plus tard, le feront Baudelaire et Rimbaud. On ignore s'il joua des rôles (comme l'avait fait Montaigne au collège de Guyenne) dans les pièces latines composées par les professeurs. L'amour qu'il éprouve pour la jeune CATHERINE HUE lui inspire ses premiers vers.

1624 A dix-huit ans, Corneille est reçu **avocat** stagiaire; son initiation à la procédure durera quatre ans. La tradition rapporte qu'il ne plaida qu'une fois, gêné par une timidité dont il avait pleinement conscience. En vérité, la vocation poétique l'emporte sur la carrière juridique, les Muses consolant le jeune homme de son amour contrarié par les parents de Catherine. Rouen, la seconde ville du royaume, lui offre des bibliothèques, un cercle littéraire, le « Puy des Palinods », des amateurs de Lettres (les frères Campion), une colonie espagnole, avec laquelle sa famille contracte alliance. L'exemple d'aînés illustres, tels Malherbe, Saint-Amant, Boisrobert, Camus stimule le débutant.

1629 Écho de sa passion pour Catherine, la comédie de **Mélite** est emportée à Paris par l'acteur Mondory, qui la fait applaudir au Théâtre du Marais. « La demoiselle qui en avait fait naître le sujet porta longtemps, dans Rouen, le nom de Mélite, nom glorieux pour elle, et qui l'associait à toutes les louanges que reçut son amour », observe Fontenelle (*Vie de M. Corneille*, éd. de 1764, III, p. 52). Néanmoins, Corneille reste attaché à sa ville natale pour de nombreuses années encore. Son père lui a acheté (1628) une double charge d'avocat du Roi, charge dont il sera titulaire pendant vingt-deux ans. Ces offices n'entraveront nullement l'essor de son génie dramatique : de

1629 à 1636, les comédies se succèdent rapidement : *Clitandre* *la Veuve, la Galerie du Palais, la Suivante, la Place Royale*

1635 **Richelieu** consacre la notoriété de l'écrivain en lui accordan une pension de 1 500 livres et en l'admettant dans la « sociét des cinq auteurs », chargés d'illustrer la scène française L'accueil reçu par la *Sophonisbe* de Mairet (1634), premièr tragédie « régulière », incite Corneille à tâter lui aussi, du genr tragique avec *Médée* (1635).

1636-1637 Le succès d'un « caprice » à la verve débridée, *l'Illusion comi que*, est encore dépassé, en cette année triomphale, par celui du **Cid**, dont la grandeur héroïque et la passion exaltée enthou siasment le public parisien. Le *Cid* vaut au père de Corneill des lettres de noblesse. Mais la jalousie des rivaux et l'incom préhension des doctrinaires suscitent la **querelle du Cid**, e Richelieu soumet la tragi-comédie à l'examen de l'Académi française sans l'assentiment de l'auteur. Les *Sentiments d l'Académie sur le Cid* (1637), rédigés par Chapelain, humilien profondément Corneille. Et Richelieu lui interdit de répondre [1]

1640-1644 Après *Horace* (voir plus loin, *la Tragédie d'Horace*, p. 15 20), Corneille compose *Cinna, Polyeucte, la Mort de Pompée* et se divertit avec la fantaisie espagnole du *Menteur*. A trente quatre ans, il épouse MARIE DE LAMPÉRIÈRE, fille du lieutenan civil et criminel du bailli de Gisors; elle sera une bonne mèr de famille. La mort de Richelieu, puis celle de Louis XII l'obligent à chercher de nouveaux protecteurs : Mazarin lu accorde une pension que le poète paye d'un *Remerciement* en vers, selon l'usage de l'époque.

1644-1648 Corneille se renouvelle en donnant les premiers rôles à d monstres capables de « beaux » crimes dans *Rodogune* (1644 *Théodore, vierge et martyre* (1646), *Héraclius* (1647), puis e commençant une pièce « à machines », *Andromède*, command par la Cour pour le Carnaval de 1648.

1649-1652 Alors que les *Traités de Westphalie* (1648) consacrent l'hégé monie française en Europe, à Paris la Fronde oppose les Parle mentaires et les Princes à Mazarin et à la Reine. *Andromède* e *Dom [2] Sanche d'Aragon* doivent attendre la fin des troubles e la réouverture des théâtres. Les salons se délassent des intrigue politiques en disputant du mérite des sonnets de *Job* et d'*Ura nie*, que Corneille se garde de départager. La Fronde gagnan la Normandie, Mazarin destitue les magistrats « frondeurs » d Rouen et élève Corneille à la charge de procureur syndic de États de Normandie; mais un rapide retour en grâce de so

---

1. Mais Richelieu avait lu le mémoire de l'Académie avant sa publication, et il av demandé que les critiques fussent quelque peu adoucies.

2. Sur cette orthographe, voir Antoine Adam, *Histoire de la littérature française a XVIIᵉ siècle*, III, p. 321.

prédécesseur prive Corneille de sa nouvelle charge,... et il a vendu l'ancienne. Il se console avec l'affection de son jeune frère Thomas, qui habite dans sa maison (1650), et le succès de *Nicomède* (1651), où le public applaudit les allusions politiques.

1652-1658 L'échec de *Pertharite* (1652) le détourne une nouvelle fois de la scène. La vie de famille (il a sept enfants), les affaires de sa paroisse et la traduction en vers français de l'*Imitation de Jésus-Christ* l'absorbent. Ni le développement du Jansénisme en Normandie, ni l'ardente polémique des *Provinciales* ne le font dévier de l'orthodoxie catholique : « J'ai été assez heureux, constate-t-il, pour conserver la paix en mon particulier avec les deux partis opposés sur la question de la Grâce. »

1658-1661 Dès 1656, Corneille commence une « pièce à machines », *la Toison d'or*, pour un gentilhomme normand. Le succès éclatant du *Timocrate* de son frère Thomas, les polémiques suscitées par *la Pratique du Théâtre* de l'abbé d'Aubignac (1657), ses relations avec Molière, dont la troupe joue à Rouen avant de conquérir Paris, l'encouragent à rentrer en lice. A la poésie pieuse succède la poésie galante, soit en l'honneur de LA MARQUISE DU PARC, vedette de la troupe de Molière, soit à la gloire des précieuses parisiennes avec lesquelles il correspond par l'intermédiaire de Thomas ou de l'abbé de Pure. La réussite d'*Œdipe* (1659) à l'Hôtel de Bourgogne et de *la Toison d'or* (1660) au Théâtre du Marais, puis l'édition de son Théâtre complet, accompagnée de trois **Discours sur l'art dramatique (1660)**, consacrent sa royauté littéraire. L'arrestation de Fouquet, son protecteur, n'entame pas sa faveur près de Louis XIV.

1662-1674 Pierre et Thomas Corneille quittent Rouen et s'installent à Paris chez le duc de Guise, qui les protège. La fréquentation des salons et les cabales littéraires entraînent les deux frères dans une agitation brillante et vaine. Sur le tard, Pierre Corneille devient « bel-esprit » et en manifeste les susceptibilités : il se brouille avec Molière en prenant parti contre lui dans la querelle de l'*École des femmes* (1663) et avec d'Aubignac lors de la querelle de *Sophonisbe*. Qu'importe, puisque la liste des pensions royales établie par Chapelain lui attribue deux mille livres annuelles, et que les lettres de noblesse lui sont confirmées. Sa longévité est aussi admirable que sera celle de Victor Hugo. Après *Sophonisbe* (1662-1663), six tragédies attestent sa fécondité dramatique, cependant que de vastes et nombreux poèmes religieux prolongent l'inspiration mystique de l'*Imitation*. Il célèbre en vers les victoires de Louis XIV en Flandre, en Hollande, la paix de Nimègue : deux de ses fils et un gendre sont officiers (ce gendre et le second fils tomberont au service du Roi).

Cependant, cette hégémonie littéraire va décliner sous les coups d'un jeune rival : Racine. Le « clan » des Normands (Pierre, Thomas, le neveu Fontenelle, Donneau de Visé, fondateur du *Mercure Galant*) irrite les écrivains de la nouvelle génération en accaparant les scènes et les pensions. *Alexandre* de Racine (1665) est critiqué par Corneille et ses partisans (*Lettre* de Saint-Evremond); Racine réplique vertement dans sa *Préface*. Désormais, chaque succès de Racine semble un outrage à Corneille. *Andromaque* éclipse *Attila*, la *Bérénice* de Racine sa *Tite et Bérénice*. Le succès de *Pulchérie*, « qui peuple le désert » du théâtre du Marais, est une passagère revanche : *Iphigénie* l'emporte sur *Suréna*. Même les plus fervents admirateurs de Corneille, tels Saint-Evremond et Mme de Sévigné, reconnaissent le talent de Racine.

1674-1684 L'apaisement néanmoins se fait : Corneille est satisfait par la reprise devant le roi de *Cinna*, *Horace*, *la Mort de Pompée*, *Sertorius*, *Œdipe* et *Rodogune*; Racine connaît lui-même l'amertume de la cabale de *Phèdre* (1677) et va quitter la scène prématurément. Corneille continue à composer des vers en l'honneur de Louis XIV et à solliciter le rétablissement de sa pension, qui avait été supprimée : elle sera rétablie en 1682. Il obtient un bénéfice pour son fils Thomas, abbé d'Aiguevive en Touraine. La reprise triomphale d'*Andromède* (1682) lui cause une dernière joie. Il s'éteint le 2 octobre 1684, à l'âge de soixante-dix-huit ans, rue d'Argenteuil, dans la paroisse Saint-Roch à Paris. Un an plus tard, Racine prononcera son éloge à l'Académie en recevant Thomas Corneille, et Fontenelle rendra hommage à son oncle défunt dans les *Nouvelles de la République des Lettres*.

CORNEILLE : L'HOMME

Peut-on dire d'un écrivain et de son œuvre : « tel arbre, tel fruit » ? Il ne le semble guère dans le cas de Corneille : aucune œuvre n'est plus héroïque, aucune existence plus bourgeoise.

Physiquement, l'homme est gauche et lourd ; le portrait de Michel Lasne montre un visage rude, aux traits fortement marqués, sévère et triste comme celui d'un juge.

« M. Corneille était assez grand et assez plein, l'air fort simple et fort commun, toujours négligé et peu curieux de son extérieur. Il avait le visage assez agréable, un grand nez, la bouche belle, les yeux pleins de feu, la physionomie vive, les traits fort marqués et propres à être transmis à la postérité dans une médaille ou dans un buste. Sa prononciation n'était pas tout à fait nette. Il lisait ses vers avec force, mais sans grâce. » (Fontenelle, *Vie de M. Corneille*, 1764, III, p. 77.)

Moralement, « il était mélancolique [...] Il avait l'humeur brusque [...] Au fond, il était très aisé à vivre, bon père, bon mari, bon parent, tendre et plein d'amitié. Son tempérament le portait assez à l'amour, mais jamais au libertinage et rarement aux grands attachements. Il avait l'âme fière et indépendante, nulle souplesse, nul manège, ce qui l'a rendu très propre à peindre la vertu romaine et très peu propre à faire fortune. » (*Ibid.*, p. 78.)

Socialement, Corneille est un bourgeois anobli, un magistrat, qui connaît les réalités de la vie et le poids de l'argent. Son œuvre littéraire ne l'écarte ni de ses fonctions, ni de sa famille. Il veille sur son théâtre avec autant de soin que sur ses propriétés ou sur ses rentes, vendant chèrement ses pièces aux comédiens, s'assurant le privilège des éditions, jusque-là bénéfice des libraires, et sollicitant âprement des pensions auprès des mécènes (Montoron ou Fouquet) ou des pouvoirs (Richelieu, Mazarin ou Louis XIV). Il fait dire à l'un de ses personnages (dans *l'Illusion comique*) : «Le théâtre est un fief dont les rentes sont bonnes. » Économe et simple dans ses habitudes, même à Paris, il reste à l'abri du besoin pendant les sept années (1674-1682) où la pension royale n'est pas payée. En dépit de la légende, il ne fut jamais réduit à une seule paire de souliers.

Pour fonder un foyer, il n'attend pas, comme le fera Racine, de quitter la scène. Bon père de famille, bon frère, il veille à l'avenir des uns et des autres, et son affection est payée de retour.

Politiquement, il se montre « très humble observateur des lois et de son prince ».

Catholique, il se maintient dans une stricte orthodoxie : voir p. 7 à la date 1652-1658.

CORNEILLE : SES PRINCIPES

Corneille a publié, en 1660, *Trois Discours sur l'Art Dramatique* où il nous donne, avec une « simplicité volontaire », sur les grands problèmes de l'art dramatique au xviie siècle, « l'expression nue de [ses] sentiments » ou si l'on préfère, dit-il, « de [ses] hérésies ».

En voici les passages essentiels.

1. Plaire, et aussi instruire (en plaisant)

« La poésie dramatique a pour but le seul plaisir des spectateurs [...] mais nous ne saurions plaire à tout le monde si nous ne mêlons [à l'agréable] l'utile [...]. Ainsi, quoique l'utile n'y entre que sous la forme du délectable, il ne laisse pas d'y être nécessaire. »

2. Des sujets extraordinaires, mais dont la vérité soit garantie par l'histoire

« Les grands sujets qui remuent fortement les passions, et en opposent l'impétuosité aux lois du devoir ou aux tendresses du sang, doivent toujours aller au delà du vraisemblable, et ne trouveraient aucune croyance parmi les auditeurs, s'ils n'étaient soutenus, ou par l'autorité de l'histoire qui persuade avec empire, ou par la préoccupation de l'opinion commune que nous donne ces mêmes auditeurs déjà tous persuadés. Il n'est pas vraisemblable que Médée tue ses enfants, que Clytemnestre assassine son mari, qu'Oreste poignarde sa mère; mais l'histoire le dit, et la représentation de ces grands crimes ne trouve point d'incrédules. »

3. L'amour au second rang

« La dignité de la tragédie demande quelque grand intérêt d'État, ou quelque passion plus noble et plus mâle que l'amour, telles que sont l'ambition ou la vengeance, et veut donner à craindre des malheurs plus grands que la perte d'une maîtresse. Il est à propos d'y mêler l'amour, parce qu'il a toujours beaucoup d'agrément, et peut servir de fondement à ces intérêts et à ces autres passions dont je parle; mais il faut qu'il se contente du second rang dans le poème, et leur laisse le premier. »

4. La « purgation des passions »

» La pitié d'un malheur où nous voyons tomber nos semblables nous porte à la crainte d'un pareil pour nous; cette crainte, au désir de l'éviter; et ce désir, à purger, modérer, rectifier, et même déraciner en nous la passion qui plonge à nos yeux dans ce malheur les personnes que nous plaignons, par cette raison commune, mais naturelle et indubitable, que pour éviter l'effet il faut retrancher la cause. »

5. « Les actions sont l'âme de la tragédie »

« Les actions sont l'âme de la tragédie où l'on ne doit parler qu'en agissant et pour agir. »

6. « L'unité de péril »

« L'unité d'action consiste dans la tragédie en l'unité de péril, soit que son héros y succombe, soit qu'il en sorte. Ce n'est pas que je prétende qu'on ne puisse admettre plusieurs périls [...] pourvu que de l'un on tombe nécessairement dans l'autre : car alors la sortie du premier péril ne rend point l'action complète, puisqu'elle en attire un second. »

Corneille estime qu'il n'a pas respecté cette condition dans *Horace*, car « ce n'est pas nécessairement qu'Horace tue sa sœur après sa victoire ». Voir, sur cette question, l'*Examen* de Corneille, p. 116 (l. 30-49) et l'*Unité d'action*, p. 93.

7. « L'agréable suspension », ou le plaisir du « suspense »

« Il ne doit y avoir qu'une action complète, qui laisse l'esprit de l'auditeur dans le calme; mais elle ne peut le devenir que par plusieurs autres imparfaites, qui lui servent d'acheminements, et tiennent cet auditeur dans une agréable suspension. C'est ce qu'il faut pratiquer à la fin de chaque acte pour rendre l'action continue. »

8. Si « Horace » était un roman

« Je souhaiterais, pour ne point gêner du tout le spectateur, que ce qu'on fait représenter devant lui en deux heures se pût passer en effet en deux heures, et que ce qu'on lui fait voir sur un théâtre qui ne change point pût s'arrêter dans une chambre ou une salle, mais souvent cela est malaisé [...] L'*Horace* en peut fournir quelques exemples : l'unité de lieu y est exacte, tout s'y passe dans une salle. Mais si on en faisait un roman avec les mêmes particularités de scène en scène que j'y ai employées, ferait-on tout passer dans cette salle ?

» A la fin du premier acte, Curiace et Camille sa maîtresse vont rejoindre le reste de la famille, qui doit être dans un autre appartement; entre les deux actes, ils y reçoivent la nouvelle de l'élection des trois Horaces; à l'ouverture du second, Curiace paraît dans cette même salle pour l'en congratuler. Dans le roman, il aurait fait cette congratulation au même lieu où l'on en reçoit la nouvelle, en présence de toute la famille, et il n'est point vraisemblable qu'ils s'écartent eux deux pour cette conjouissance; mais il est nécessaire pour le théâtre; et à moins que cela, les sentiments des trois Horaces, de leur père, de leur sœur, de Curiace, et de Sabine, se fussent présentés à faire paraître tous à la fois. Le roman, qui ne fait rien voir, en fût aisément venu à bout; mais sur la scène il a fallu les séparer, pour y mettre quelque ordre, et les prendre l'un après l'autre. »

CORNEILLE : SON ŒUVRE

THÉATRE

Corneille a lui-même classé rigoureusement ses œuvres dramatiques selon des critères théoriques précis. La *tragédie* se reconnaît aux personnages qu'elle utilise, princes ou rois mêlés à des affaires politiques, et au péril de mort (suivi ou non de mort effective) qui pèse sur les héros. La *comédie* est, en dehors de tout péril de mort, une intrigue d'amour et de mariage, située dans un monde que ne passionne aucun intérêt d'État (c'est en général, chez Corneille, le monde de l'aristocratie parisienne). Entre les deux, Corneille invente un genre mixte, la *comédie héroïque*, qui développe, sans aucun péril de mort, une intrigue de mariage mêlée de politique dans des milieux royaux ou princiers.

1. La jeunesse

6 comédies : *Mélite* (1630); *la Veuve* (1631); *la Galerie du Palais* (1632); *la Suivante* (1633); *la Place royale* (1634); *l'Illusion comique* (1636).
1 tragédie : *Médée* (1635).
2 tragi-comédies : *Clitandre* (1631); *le Cid* (1636-1637).
2 pièces en collaboration : *La Comédie des Tuileries*, acte III (1635); *l'Aveugle de Smyrne*, acte I (1637).

2. La maturité

9 tragédies : *Horace* (1640); *Cinna* (1641); *Polyeucte* (1642); *la Mort de Pompée* (1644); *Rodogune* (1645); *Théodore* (1646); *Héraclius* (1647); *Nicomède* (1651); *Pertharite* (1651).
2 comédies : *Le Menteur* (1643-1644); *la Suite du Menteur* (1644-1645).
1 comédie héroïque : *Dom Sanche d'Aragon* (1649).
1 pièce à machines : *Andromède* (1648).

3. La vieillesse

2 pièces à machines : *La Toison d'Or* (1660); *Psyché* (en collaboration, 1671).
7 tragédies : *Œdipe* (1659); *Sertorius* (1662); *Sophonisbe* (1663); *Othon* (1664); *Agésilas* (1666); *Attila* (1667); *Suréna* (1674).
2 comédies héroïques : *Tite et Bérénice* (1670); *Pulchérie* (1672).

ŒUVRES POÉTIQUES

Inspiration galante : *Stances à Marquise Du Parc.*
Inspiration patriotique : *Victoires du roi.*
Inspiration religieuse : traduction en vers français de l'*Imitation*; traduction des *Louanges de la Sainte Vierge*; *Office de la Vierge* (4 000 vers); *Ode au P. Delidel*; *Hymnes de saint Victor*...

ŒUVRES THÉORIQUES

Préfaces, dédicaces et *examens* des pièces; trois *Discours sur l'art dramatique ;* l'*Excuse à Ariste* (en vers).

LA TRAGÉDIE D' « HORACE »

1. Le silence de Corneille

Le 15 janvier 1639, Chapelain écrit à Guez de Balzac :

Corneille est à Paris depuis trois jours, et d'abord m'est venu faire un éclaircissement sur le livre de l'Académie pour ou plutôt contre *le Cid*, m'accusant, et non sans raison, d'en être le principal auteur. Il ne fait plus rien, et Scudéry a du moins gagné cela, en le querellant, qu'il l'a rebuté du métier, et lui a tari sa veine. Je l'ai, autant que j'ai pu, réchauffé et encouragé à se venger, en faisant quelque nouveau *Cid*, qui attire les suffrages de tout le monde, et qui montre que l'art [1] n'est pas ce qui fait la beauté; mais il n'y a pas moyen de l'y résoudre.

Corneille se méfiait de Chapelain, et il se peut qu'il ait songé, dès cette date, à une nouvelle pièce, sans le dire à son correspondant. Mais il est certain, en tout cas, qu'il n'avait rien donné aux comédiens depuis deux ans, lui si fécond naguère et qui, de *Mélite* au *Cid*, avait fait jouer sept pièces en six ans.

La trop fameuse Querelle, effectivement, semble l'avoir découragé; peut-être doute-t-il de lui. Il se replie sur son métier d'avocat du Roi. Il se jette dans une longue procédure contre la création à Rouen d'un second office, concurrent du sien. Il se consacre à ses obligations de chef de famille : après la mort de son père, en février, il doit veiller à l'éducation de sa sœur Marthe et de son frère Thomas.

Mais il ne pourra renoncer longtemps au théâtre, à ces délices de la vie par l'imagination qu'il a si bien chantées à la fin de *l'Illusion comique* (v. 1661, 1619 et suiv.) :

> C'est là que le Parnasse étale ses merveilles [...]
> L'un tue, et l'autre meurt, l'autre vous fait pitié;
> Mais la scène préside à leur inimitié.
> Leurs vers font leurs combats...

Alors que la retraite de Racine, après *Phèdre*, sera totale, définitive [2], Corneille, trois ans après *le Cid* (dans le courant de 1639), recommence à créer.

2. Du « Cid » à « Horace »

Et, cette fois, il tire tout de lui, ou presque. L'accusation à laquelle il avait été le plus sensible, pour *le Cid*, est celle de plagiat. Pour *Horace*, il fait donc imprimer, en tête de son

---

1. Par le mot *art*, Chapelain désigne l'observation des règles. Sous la plume du rédacteur des *Sentiments de l'Académie sur le Cid*, la phrase n'est-elle pas ironique ? — 2. C'est sur ordre qu'il écrira *Esther* et *Athalie*.

édition, les six pages de Tite-Live dont il a tiré sa tragédie, obligeant àinsi chacun à reconnaître, avec Balzac, l'originalité de son génie dramatique. C'est directement dans l'histoire, désormais, qu'il ira chercher la plupart de ses sujets, — et dans l'histoire la plus politique et la plus pratique qui soit, celle qui convient le mieux aux thèmes nouveaux qu'il voulait traiter : l'histoire de Rome.

Car il a changé, depuis *le Cid*, cela est sûr; par conviction et par intérêt tout à la fois, parce que la France s'installe dans la monarchie absolue et dans la guerre, parce qu'il entre dans l'âge mûr, — parce qu'il évolue avec son siècle.

Qu'est-ce qui rendait vivants, sur l'heure, les classiques? demande Marc Beigbeder [1]. C'était avant tout de porter, à travers leurs personnages, les passions des hommes du moment, de les en constituer. Corneille jaillit de l'opposition, du dialogue si l'on veut entre ce qu'on peut appeler l'individualisme aristocratique et le pouvoir royal.

Ce dialogue, Corneille l'a senti en lui d'abord. « Quand il donne *le Cid*, remarque André Rousseaux [2], il a trente ans, il est à la cime de la jeunesse virile », il représente encore « la jeune littérature, la poésie d'avant-garde, l'opposition à l'Académie et aux Belles Lettres », il exalte le Héros. Rodrigue ne connaît d'autre règle que celle de son honneur. Que le roi désapprouve les duels, il n'en a cure; il partage sur ce point l'avis de Don Gormas : les rois ne sont pas infaillibles, ils « peuvent se tromper comme les autres hommes » (*le Cid*, v. 158). Rodrigue provoque l'insulteur de son père et le tue; et c'est sans avoir reçu aucun ordre qu'il va livrer bataille contre les Maures, avec une troupe privée.

Quatre ans plus tard, *Horace* célèbre la toute-puissance de l'État, la soumission absolue à l'État. L'amitié, l'amour, la morale, la justice, la pensée elle-même, et jusqu'à l'honneur du héros sont subordonnés au jugement du Pouvoir. Horace doit-il se juger innocent ou coupable ? « Sire, — Ce que vous en croyez me doit être une loi », dit-il aux vers 1537-38. Toute la pièce converge vers la sentence royale qui sert de conclusion : « Vis pour servir l'État » (v. 1763).

Pourquoi pareil changement? certains [3] disent même : pareille trahison ?

3. « Horace » œuvre de guerre

Horace est une œuvre de circonstance. Depuis 1636, la guerre dure, la guerre que mène Richelieu contre l'Espagne pour

---

1. *Les Lettres françaises*, 2 décembre 1954. — 2. *Le Monde classique*, I, 1941, p. 40. — 3. Maurice Delarue, dans *Terre des hommes*, 1ᵉʳ décembre 1945.

l'hégémonie européenne. Guerre cruelle, épuisante, et, à bien des égards fratricide. « Un noble français se sent plus près d'un aristocrate espagnol que d'un bourgeois parisien, et la commune civilisation, les mille rapports qui lient deux nations chrétiennes, semblent à beaucoup d'une réalité plus solide que des haines momentanées et désastreuses [1] ». C'est la seule volonté d'hégémonie européenne, la seule « ambition de commander aux autres » (v. 303) qui jette l'une contre l'autre les deux nations, ou plutôt les deux États. Des deux côtés, tandis qu'on se tue aux frontières, le pouvoir exige de tous les plus lourds sacrifices. Richelieu réprime sans pitié les complots sans cesse renaissants, il fait trancher la tête des nobles qui lui résistent, et il écrase impitoyablement les soulèvements de la misère, la révolte des Va-nu-pieds dressés contre le fisc. En Normandie même, à Rouen où le père de Pascal est nommé intendant pour la levée des tailles, sept mille soldats rétablissent l'ordre, le Parlement est dissous — et les exécutions ont lieu sur la place du Vieux-Marché où fût brûlée Jeanne d'Arc, à cent mètres de la maison des Corneille.

C'est dans cette atmosphère que Pierre Corneille écrit *Horace*. Il a choisi dans l'histoire romaine non seulement le sujet le plus illustre — « il n'y a presque aucune chose plus noble dans toute l'antiquité », selon Tite-Live [2] — mais surtout le plus actuel, celui qui évoquera le mieux, pour tous les sujets de Louis XIII, les grandeurs et les malheurs du moment.
Entre Albe et Rome, la parenté, l'amitié, la vie commune avaient tissé des liens solides. Corneille les multiplie encore. Par goût de la complication, comme on le dit souvent ? Non, mais parce qu'il s'inspire du réel, de ce qu'il a sous les yeux.

Que le vieil Horace, si patriote, n'ait pas hésité à donner sa fille à Curiace, et qu'il n'ait pas repris sa parole malgré la guerre entre les deux pays qui dure depuis déjà deux ans, Corneille le trouve dans Tite-Live, — mais il précise (voir p. 30, n. 1) : le vieil Horace a préféré Curiace, « gentilhomme » albain, à Valère, simple chevalier romain ; Camille appartiendra désormais à la nation rivale, mais elle sera patricienne, le fait est révélateur d'une mentalité courante au XVIIe siècle.

De même, qui pourrait s'étonner que Corneille invente le personnage de Sabine, femme d'Horace et sœur des Curiaces ? La situation des deux familles royales n'est-elle pas plus dramatique encore ? Le roi de France Louis XIII est le mari d'Anne d'Autriche, sœur du roi d'Espagne Philippe IV. Le roi d'Espagne est le mari d'Éli-

---

1. Antoine Adam, *Hist. de la littérature française au XVIIe s.*, I, 1949, p. 524. — 2. Voir p. 22, l. 50, et p. 27, l. 15.

sabeth, sœur du roi de France Louis XIII. Deux monarques doublement beaux-frères et ennemis : l'histoire, une fois de plus, dépasse la fiction ; la situation la plus cornélienne n'est pas dans Corneille.

4. « Horace » et Richelieu

Horace est dédié à Richelieu, et une avant-première de la pièce aura lieu « devant Son Éminence », probablement au Palais Cardinal. C'est assez dire que Corneille a choisi son camp, et sans retour. Il soutient sans défaillance la politique du premier ministre, intérieure et extérieure.

Par sa dédicace (voir p. 27, l. 27), Corneille nous invite à rechercher, dans sa pièce, l'« effet des grandes idées [que son Éminence lui] inspire ». La recherche est aisée.

Selon Richelieu (*Mémoires de Richelieu*, éd. Michaud et Pouzoulat, tome XXI), « les Rois sont les vivantes images de la Divinité, la majesté royale étant la seconde après la divine ». Corneille fait dire (v. 841-846) la même chose à Camille, en précisant de la façon la plus nette que, contrairement au proverbe *Vox populi, vox Dei*, — ce n'est pas du tout la voix du peuple qui exprime la volonté divine, mais celle des rois :

> Ces mêmes Dieux à Tulle ont inspiré ce choix ;
> Et la voix du public n'est pas toujours leur voix ;
> Ils descendent bien moins dans de si bas étages
> Que dans l'âme des rois, leurs vivantes images,
> De qui l'indépendante et sainte autorité
> Est un rayon secret de leur divinité.

« Lorsque Votre Majesté se résolut de me donner l'entrée en ses Conseils, dit encore Richelieu (*Maximes d'État*, I, 1), les intérêts particuliers étaient préférés aux publics [...]. Le mauvais exemple des uns et des autres était si préjudiciable à ce royaume que les Compagnies les plus réglées se sentaient de leur dérèglement. » Richelieu, lui, a promis à Louis XIII (*Maximes d'État*, II, 5) d'employer « toute son industrie [...] à rabaisser l'orgueil des Grands, réduire tous ses sujets à leur devoir », sans tenir compte « des discours d'une populace ignorante, qui blâme quelquefois ce qui lui est le plus utile et souvent tout à fait nécessaire. » Et le cardinal de conclure : « Les intérêts publics doivent être l'unique fin du Prince et de ses conseillers. » Ces formules, Corneille les répète parfois mot pour mot, mais surtout il en exalte l'esprit : la soumission absolue à la « raison d'État ». Pas plus que le cardinal premier ministre n'hésite à s'allier aux princes protestants contre les très catholiques Habsbourg, l'auteur du *Cid* n'hésite à immoler, sur

roi de France Louis XIII est le mari d'Anne d'Autriche, sœur du roi d'Espagne. »

« Deux monarques doublement beaux-frères et ennemis : ... la situation la plus cornélienne n'est pas dans Corneille. » (page 16)

« Le roi d'Espagne Philippe IV est le mari d'Élisabeth, sœur du roi de France Louis XIII. »

l'autel de l'État absolu, non seulement l'individualisme aristocratique mais, semble-t-il, son indépendance d'écrivain.

> Qui, près de le servir [son pays], considère autre chose,
> A faire ce qu'il doit lâchement se dispose;
> Ce droit saint et sacré rompt tout autre lien.
>
> (v. 495-497)
>
> Ce que vous [le roi] en croyez me doit être une loi
>
> (v. 1537)

Rien ne prévaut contre l'État, c'est-à-dire pratiquement contre les dirigeants de l'État.

5. La soumission de Corneille

Comment Corneille, prônant une telle soumission, et dans une telle soumission lui-même, a-t-il pu écrire un chef-d'œuvre ? Certaines phrases de sa Dédicace nous font mal pour lui :

Nous n'avons plus besoin d'autre étude [...] que d'attacher nos yeux sur VOTRE ÉMINENCE quand elle honore de sa présence et de son attention le récit de nos poèmes. C'est là que, lisant sur son visage ce qui lui plaît et ce qui ne lui plaît pas, nous nous instruisons avec certitude de ce qui est bon et de ce qui est mauvais, et tirons des règles infaillibles de ce qu'il faut suivre et de ce qu'il faut éviter (p. 28, l. 42-48).

Trois ans plus tôt, Richelieu avait revu lui-même les *Sentiments de l'Académie sur le Cid*, et l'on peut lire encore, sur le manuscrit autographe de Chapelain (p. 5), cette apostille [1] du Cardinal : « L'applaudissement et le blâme du *Cid* n'est qu'entre les doctes et les ignorants, au lieu que les contestations sur les deux autres pièces [2] ont été entre les gens d'esprit. »
Au lieu de se révolter, Corneille s'est soumis. A-t-il craint, semblable à son Horace du cinquième acte, de ne plus jamais retrouver le triomphe du *Cid*, les applaudissements d'un peuple « qui voit tout seulement par l'écorce » (v. 1559) ? Peut-être. Il suit, en tout cas, les conseils du vieil Horace à son fils : il se détourne du « vulgaire ignorant », du « peuple stupide ». « C'est aux rois, c'est aux grands, c'est aux esprits bien faits » (v. 1717) qu'il faut chercher à plaire; « c'est d'eux seuls qu'on reçoit la véritable gloire » (v. 1719). Et il décerne à Richelieu

---

1. Reproduite par Louis Herland dans *Corneille par lui-même*, 1954, p. 17. — 2. La *Jérusalem* du Tasse, (1544-1595), poème épique, et le *Pastor fido*, pastorale de J.-B. Guarini (seconde moitié de XVIe siècle). Le mot de Richelieu est dur pour Corneille : seuls, les ignorants peuvent applaudir *le Cid*.

ces louanges presque incroyables (même dans l'optique du XVIIᵉ siècle) :

Vous avez ennobli le but de l'art, puisqu'au lieu de celui de plaire au peuple que nous prescrivent nos maîtres [...] vous nous avez donné celui de vous plaire et de vous divertir; et qu'ainsi nous ne rendons pas un petit service à l'État, puisque, contribuant à vos divertissements, nous contribuons à l'entretien d'une santé qui lui est si précieuse et si nécessaire (p. 29 , l. 34-41).

Puisque Richelieu le souhaite, Corneille, avant de produire sa pièce sur le théâtre, la soumet aux « esprits bien faits », aux « doctes » : il la lit chez Boisrobert, factotum du Cardinal, devant Chapelain, l'abbé d'Aubignac... et devant Barreau, Farit, Charpy, l'Estoile, dont nous ne connaissons les noms que grâce à lui...

6. L'indépendance de l'écrivain

Il la soumet — mais il ne la modifie pas. Il a écrit une pièce à thèse, certes, une pièce où il prône, conformément à ses convictions (rien ne permet d'en douter), l'obéissance absolue envers l'État. Il a respecté les règles des doctes, à peu près, et parce qu'il en avait besoin pour resserrer son action, la rendre plus dramatique (voir l'*Examen*, p. 115, l. 10-79)... Mais il ne cèdera pas d'un pouce sur l'essentiel, c'est-à-dire la vérité des caractères. Chapelain et d'Aubignac lui ont fait pourtant des objections sérieuses : le cinquième acte de sa pièce n'est pas satisfaisant. Corneille le sait mieux que personne (voir l'*Examen*, p. 115, l. 24) — mais il sait aussi que ce qu'on voudrait lui faire supprimer avant tout, c'est la responsabilité d'Horace dans le meurtre de Camille, c'est le crime même commis, au nom de son fanatisme, par le héros de la raison d'État.

J'aurais été d'avis, écrit l'abbé d'Aubignac dans sa *Pratique du théâtre* (1657) [1], pour sauver en quelque sorte l'histoire et la bienséance de la pièce, que cette fille désespérée [Camille], voyant son frère l'épée à la main, se fût précipitée dessus; ainsi elle fût morte de la main d'Horace, et lui eût été digne de compassion, comme un malheureux innocent [2]; l'histoire et le théâtre auraient été d'accord.

On imagine le haussement d'épaules du poète devant cette invention, bienséante assurément, mais fausse, voire grotesque. Il maintient telle quelle la scène incriminée, acceptant seulement, car ce n'est d'aucune conséquence pour les caractères, que Camille instinctivement s'enfuie devant son frère lorsque celui-ci tire son épée, et qu'elle reçoive le coup mortel hors de la vue des spectateurs (l'actrice, d'ailleurs, ne suivit pas cette suggestion).

---

1. L'ouvrage fut écrit durant la domination de Richelieu. Texte cité par A. Adam, *op. cit.*, I, p. 522. — 2. C'est précisément cela que Camille et Corneille ne veulent pas. Camille et Corneille veulent qu'Horace devienne un assassin, Camille pour se venger, Corneille pour rester fidèle à la vérité historique et psychologique.

Tant pis si, d'un point de vue strictement théâtral, le cinquième acte demeure médiocre; Corneille le regrette, mais ce n'est là qu'un moindre mal : la pièce entière restera vraie[1].

7. « Avant tout, que rien ne soit faussé. »

Car c'est pour cela, bien entendu, qu'*Horace* est et reste un chef-d'œuvre. Corneille défend une politique et soutient une thèse, mais il ne farde rien. « La marque de son génie, comme l'a bien montré Péguy, c'est la parfaite loyauté [...]. Il présente les thèses dans leur plein, dans leur exactitude. » Il exalte la grandeur d'âme du héros, sa force morale, son sang-froid, son abnégation admirable, mais il nous montre avec la même rigueur son fanatisme, sa *gloire* inhumaine, sa cruauté; — et il dresse en face de lui, tout en dénonçant à juste titre sa faiblesse qui causera la ruine de son pays (voir *la Faute de Curiace*, p. 87), un Curiace si émouvant dans son désir de tout concilier que de très nombreux spectateurs, à toutes les époques, l'admireront et surtout l'aimeront bien davantage que son rival.

Corneille magnifie l'héroïsme guerrier, les guerres de conquête, la raison d'État, mais il en dénonce les causes comme les effets : l'idéologie de croisade (v. 987 et suiv.), l'horreur des hommes qui tuent (v. 319 et suiv., 1135 et suiv.), l'ivresse de la gloire (v. 1251 et suiv., 1276-1277), la soumission aveugle des esprits et des cœurs.

« Avant tout, que rien ne soit faussé, dit encore Péguy. Telle est la poétique de Corneille. Une immense et constante comparaison loyale. » Voilà pourquoi, sculptée dans le grand style du vrai, la tragédie d'*Horace* demeure étonnamment vivante, comme *le Cid* et *Polyeucte*, plus actuelle encore peut-être depuis que le XXᵉ siècle a posé, pour chacun de nous, le problème des États totalitaires. Elle mérite par excellence, comme le montrera une analyse détaillée, le beau nom d'œuvre classique, c'est-à-dire d'œuvre qui nous enseigne toujours.

Sur les premières représentations, leur date, la distribution de la pièce, son succès ou son insuccès immédiat, on ne sait rien de certain. Les opinions les plus contraires ont été soutenues, sans preuves. M. Adam résume ainsi ce que l'on peut affirmer (I, p. 518) : « Horace a été joué un peu avant le 9 mars 1640 devant Richelieu. Entre cette date et le 19 mai, il fut joué trois fois devant le public parisien. Il fut imprimé avec privilège du 11 décembre 1640, et achevé d'imprimer le 15 janvier 1641. »

---

1. Corneille n'ignorait pas comment il aurait pu refaire cet acte : en suivant exactement Tite-Live (voir p. 24, 25 et 101), en gardant le jugement d'Horace devant le peuple. Mais cette solution n'était conforme ni à la politique de Richelieu, ni à l'esprit de la pièce.

LE RÉCIT DE TITE-LIVE

Corneille a placé en tête de sa tragédie les chapitres de Tite-Live [1] dont il s'est inspiré. En voici la traduction.

1. Albe et Rome en guerre.

XXIII. Cette guerre [2] était comme une véritable guerre civile, et les fils, en somme, allaient combattre contre leurs pères : les deux peuples en effet étaient de souche troyenne, puisque Lavinium tirait son origine de Troie, Albe [3] de Lavinium, et Rome de la famille royale d'Albe [...] Toutefois, l'issue de la guerre rendit cette lutte moins déplorable, car il n'y eut pas de bataille rangée : on détruisit seulement les murs de la ville vaincue, et les deux peuples furent réunis en un seul [...]

10 [...] Mettius, le dictateur albain, s'approche le plus possible de l'ennemi, puis il charge un messager d'aller dire à Tullus : « Avant que nous en venions aux mains, un entretien entre nous s'impose : si tu acceptes cette rencontre, sois certain que je t'apporterai des propositions aussi intéressantes pour Rome que pour Albe. » Tullus ne refuse pas, mais, pour le cas où l'entrevue ne donnerait rien, il fait ranger ses troupes en ligne de bataille. Les Albains en font autant. Entre les deux armées alors les deux chefs s'avancent, suivis seulement de quelques officiers. L'Albain prend la parole :

2. La proposition du dictateur albain (voir *Horace* I, 3, v. 285-315).

20 « Des attaques injustes, du butin réclamé et non rendu en dépit des accords, voilà, si je ne me trompe, les motifs de la guerre qu'a avancés notre roi Cluilius ; et toi, Tullus, tu invoques les mêmes, je n'en doute pas. En fait, si l'on préfère la vérité aux belles phrases, ce qui pousse l'un contre l'autre nos deux peuples, parents et voisins, c'est la passion de commander. Est-ce bien ou mal ? je n'en discute pas. Cette question regardait celui qui a entrepris cette guerre. Pour moi, Albe

---

1. Célèbre historien latin (59 av.-19 ap. J.-C.). — 2. Dans le chapitre précédent, Tite-Live indique avec netteté que c'était le roi des Romains, Tullus, qui avait voulu et provoqué cette guerre, — mais qu'il s'était arrangé pour en rejeter la responsabilité sur les Albains. Corneille n'a pas reproduit ce chapitre en tête de son édition, sans doute parce qu'il a fait de Tulle un roi beaucoup plus sage, moins impétueux que le Tullus de Tite-Live ; mais il présente constamment les Albains dans sa pièce (le dictateur, Curiace, Sabine), comme plus « pacifiques » et plus « humains » que les représentants de Rome (Horace, le vieil Horace, Julie, Camille, Valère). — 3. Suivant la tradition, Albe avait été fondée par Ascagne, fils d'Énée, lui-même fondateur de Lavinium.

ne m'a chargé que de la diriger [...] Mais voici ce que je veux te dire, Tullus :

30 » Les Étrusques entourent nos deux pays et leur puissance est grande, tu le sais d'autant plus que vous êtes plus près d'eux. Ils sont puissants sur terre, ils le sont encore davantage sur mer. Souviens-toi, en donnant le signal de la lutte, qu'ils ne quitteront pas nos deux armées des yeux et que, lorsqu'elles seront toutes deux fatiguées, épuisées, ils fondront à la fois sur le vainqueur et sur le vaincu [...] Aussi, puisque nous ne sommes pas satisfaits d'une liberté certaine et que nous préfé-rons courir le hasard de commander ou d'être esclaves, trou-vons un moyen, s'il plaît aux Dieux, de décider lequel d'entre 40 nos deux peuples commandera à l'autre — sans désastre, sans flots de sang. »

Cette proposition ne déplaît pas à Tullus, que son tempé-rament et l'espoir d'être vainqueur n'inclinaient guère pour-tant à la modération. Ils se mettent alors, l'un et l'autre, à chercher une solution, et ils la trouvent : la Fortune elle-même avait pris soin de la fournir.

3. Les Horaces et les Curiaces.

XXIV. Il y avait alors par hasard, dans chacune des deux armées, trois frères jumeaux, et qui étaient, les uns et les autres, à peu près du même âge et de même force. C'était, la chose est 50 certaine, les Horaces et les Curiaces et il n'y a guère dans l'anti-quité d'événement plus illustre [...]

Chacun des rois donc entreprend chaque groupe de trois frères pour qu'ils livrent combat les uns contre les autres au nom de leur patrie respective : « Là où sera la victoire, là sera la suprématie. » Il n'est fait aucune objection. L'on s'accorde sur l'heure et le lieu du combat, et l'on signe aussitôt un traité par lequel Romains et Albains s'engagent solennellement : quel que soit le peuple dont les représentants seront vainqueurs, il sera reconnu le maître de l'autre, sans conteste ...

Tite-Live, ici, décrit longuement la cérémonie religieuse et le sacrifice (d'un porc) qui marquent la conclusion du traité. Corneille n'a rien gardé, dans sa pièce, de cette liturgie barbare, et il ne reproduit pas ce passage de Tite-Live. Mais il insistera, plus encore que l'historien latin, sur le véritable « sacrifice humain » que constitue le meurtre du troisième Curiace ; — car ce sacrifice complète, de façon indispensable, le portrait psychologique et moral du représentant de Rome.

4. Le combat (voir *Horace*, III, 6, v. 992-1020; et IV, 2, v. 1103-1140).

60 XXV. Le traité conclu, les six champions prennent les armes ainsi qu'il a été convenu. Des deux côtés on les presse d'exhor-

tations [...] Eux, déjà fiers par nature, et la tête remplie de toutes ces clameurs d'encouragement, s'avancent dans l'espace laissé libre entre les deux lignes. Installées de chaque côté, chacune devant son camp, les deux armées sont pour le moment exemptes de tout danger certes, mais non d'inquiétude : c'est la suprématie de l'une ou de l'autre qui est en jeu, et elle repose sur la valeur et la chance de six hommes. Tous les assistants sont contractés, tendus, leurs regards anxieux fixés sur
70 cet étrange spectacle.

On donne le signal, et comme deux lignes d'attaque, chaque groupe de trois frères s'avance à la rencontre de l'autre, concentrant en lui le courage de toute une armée. Aucun d'eux ne songe à la mort, ils ne pensent qu'à leur patrie, dont le sort sera celui qu'ils vont lui faire : la puissance, ou la sujétion.

Dès le premier choc, le cliquetis des armes, l'éclat des épées miroitantes font passer sur tous les assistants un frisson d'effroi ; l'espoir ne penchant encore d'aucun côté, chacun retient sa voix et son souffle [...] Mais bientôt, ce qui s'offre à la vue
80 ce n'est plus seulement la mêlée confuse de six combattants dont on distingue mal les armes et les boucliers, ce sont des blessures et du sang : les trois Albains sont touchés, et des trois Romains, deux tombent l'un sur l'autre, mourants. A leur chute, l'armée albaine crie sa joie, tandis que les légions romaines, tout espoir désormais perdu, tremblent encore cependant pour leur unique champion, entouré par les trois Curiaces.

Heureusement il n'avait reçu aucune blessure : autant, seul, il était impuissant contre ses trois adversaires réunis, autant,
90 contre chacun pris à part, sa force était redoutable [voir le v. 1105]. C'est pourquoi, au lieu de les combattre séparément, il se met à fuir, pensant bien qu'ils le suivront comme ils pourront, c'est-à-dire chacun à la mesure de ses forces, comme le lui permettront ses blessures. Et déjà il est à une certaine distance du lieu où l'on a combattu, lorsque, se retournant, il voit les trois Curiaces fort espacés, un seul d'entre eux le serrant d'assez près. D'un bond alors il revient sur lui et, tandis que l'armée albaine à grands cris presse les deux autres Curiaces de soutenir leur frère, déjà Horace l'a tué et, vainqueur,
100 court vers son deuxième combat [...] Encouragé par les clameurs qui montent de l'armée romaine à ce succès inespéré, il presse son adversaire et, sans donner au troisième Curiace qui n'était pourtant pas loin le temps d'arriver, il tue le second [...] Ils restaient donc maintenant un contre un, à égalité semblait-il, mais leurs forces comme leur espoir étaient bien différents. En face d'Horace indemne, deux fois vainqueur, sûr de lui, l'Albain épuisé par sa blessure, épuisé par sa course, se traînait à peine [voir le v. 1136], vaincu d'avance d'avoir vu périr ses frères, et il s'offrait en quelque sorte au glaive de son ennemi.

[110] Ce ne fut même pas un combat. Le Romain s'écrie avec exaltation : « Je viens d'en donner deux aux mânes de mes frères ;
le troisième, c'est au but même de cette guerre que je vais
le donner, à la domination de Rome sur Albe » [voir les v. 1131-
1133]. A peine son adversaire soutenait-il encore son bouclier,
il lui plonge son épée dans la gorge, l'abat et le dépouille [1].

*Avant que les armées se séparent, Mettius, conformément au
traité, demande ses ordres au roi des Romains. Celui-ci lui ordonne
de maintenir tous ses hommes jeunes sous les armes : il les emploiera,
en cas de guerre contre Véies.*

5. Le crime (*Horace*, IV, 5).

XXVI. Chaque armée, alors, regagne sa ville. Horace marche
à la tête des Romains, chargé de son triple trophée. Sa sœur,
qui était fiancée à l'un des Curiaces, se porte sur le passage de
son frère, devant la porte Capène, et là, reconnaissant sur les
[120] épaules de celui-ci le manteau de guerre de son fiancé, qu'elle
avait tissé elle-même, elle dénoue ses cheveux, et, tout en larmes,
elle réclame de ses cris celui qui est mort. L'orgueil d'Horace
se révolte à de telles lamentations d'une sœur après la victoire
d'un frère dans l'allégresse de toute la cité ; il tire son glaive,
et il transperce la jeune fille en la maudissant : « Va le rejoindre,
ton fiancé, avec ton amour scandaleux, va le rejoindre toi qui
oublies tes deux frères morts et celui qui reste, — toi qui
oublies ta patrie. Ainsi périsse toute Romaine qui pleurera
un ennemi de Rome » [voir les v. 1320-1322] [...]

[130] Forfait horrible, aux yeux des sénateurs comme aux yeux de
la plèbe, — mais l'exploit d'Horace balançait son crime [...]
Il fut cependant traduit en justice devant le Roi. Celui-ci,
pour ne pas assumer lui-même la responsabilité d'un jugement
aussi pénible, aussi impopulaire, et du supplice qui suivrait le
jugement, convoqua l'assemblée du peuple : « Je nomme, dit-il,
des duumvirs [2] chargés de juger Horace pour *crime public*,
conformément à la loi. »

Le texte de cette loi était terrible : « L'auteur d'un crime
public sera jugé par des duumvirs. S'il en appelle de leur
[140] jugement, qu'il y ait débat contradictoire devant le peuple ;
si le jugement des duumvirs est confirmé, qu'on lui voile la
tête [3], qu'on le pende à l'Arbre Sec [4], et qu'on le fasse périr
sous les coups, à l'intérieur ou à l'extérieur du pomerium [5]. »

---

1. Le vainqueur enlevait au vaincu son bouclier, son épée, ses insignes
militaires, qui constituaient « le trophée ». — 2. Magistrats extraordinaires,
toujours au nombre de deux, chargés de juger les « crimes publics ». — 3.
Il était voué ainsi aux divinités infernales. — 4. L'Arbre Stérile, l'Arbre Maudit, l'Arbre du Malheur, l'Arbre de Honte, autant de périphrases pour
désigner sans la nommer « la fourche » où le condamné était attaché, la tête
fixée à la jonction des deux branches. La rue de l'Arbre-Sec, qui existe
toujours à Paris (il y en a une aussi à Lyon), conduisait à la potence. — 5.
L'enceinte sacrée.

Nommés d'après cette loi, les duumvirs ne pensèrent pas qu'elle pût leur permettre de ne pas condamner Horace, même s'il ne le méritait pas réellement, et l'un d'eux prononça : « Publius Horatius, je te déclare coupable de *crime public*. Licteur, attache-lui les mains. » Déjà le licteur s'approchait et passait la corde, mais Horace, alors, sur le conseil du roi qui interprétait la loi
150 avec clémence : « J'en appelle », cria-t-il [...] Et il y eut débat contradictoire devant le peuple.

6. L'acquittement (*Horace*, V, 3, v. 1729-1768).

Ce débat suscita chez tous une émotion profonde, surtout lors de l'intervention du père d'Horace : la mort de sa fille était juste, disait-il; s'il en avait jugé autrement, il aurait lui-même sévi contre son fils, selon le droit paternel. Et il suppliait qu'on ne le privât pas aujourd'hui de son dernier enfant, lui hier encore entouré d'une belle famille; et il embrassait son fils; et il montrait les dépouilles des Curiaces, fixées à ce qu'on appelle aujourd'hui encore *Pila Horatia* : « Dites, demandait-il,
160 dites si vous pourrez maintenant le voir frappé et torturé sur la fourche, celui qui s'avançait hier sous vos acclamations, chargé des marques de son triomphe. Un spectacle si honteux, même les Albains pourraient à peine le supporter. Va, licteur, attache-les, ces mains victorieuses qui viennent de donner à Rome la suprématie, couvre la tête de notre sauveur, pends-le à l'Arbre de Honte, et frappe-le, frappe à l'intérieur de l'enceinte si tu veux, mais alors devant les trophées qu'il a rapportés du combat, ou bien à l'extérieur de l'enceinte, mais alors entre les tombeaux des Curiaces. On ne pourra le conduire nulle part
170 où les signes de sa victoire ne protestent contre l'indignité de son supplice. »

Les Romains ne purent tenir contre les larmes du père et l'impassibilité du fils, intrépide devant ce péril comme devant tous les autres. Et Horace fut acquitté, beaucoup plus parce qu'on admirait sa valeur que parce qu'on était persuadé de son bon droit. C'est pourquoi d'ailleurs, pour que fût effacé par quelque expiation un meurtre aussi flagrant, le père reçut l'ordre de soumettre son fils (mais aux frais de l'État) à des cérémonies purificatrices.

SCHÉMA DE LA TRAGÉDIE

Action dramatique.   **Richesse psychologique et morale.**

Albe et Rome sont en guerre depuis deux ans.

Acte I

La bataille décisive va s'engager

Réactions de Camille, de Sabine, de Julie (sc. 1 et 2).

Le dictateur albain s'interpose; une trêve est décidée.

Réactions de Curiace, des deux armées, de Camille, de Sabine, de Julie (sc. 3).

Acte II

Les trois Horaces sont désignés.

Réactions d'Horace et de Curiace (sc. 1).

Les trois Curiaces sont désignés; ils devront combattre contre les trois Horaces.

Réactions d'Horace, de Curiace (sc. 2 et 3), de Camille, de Sabine (sc. 4, 5, 6), du Vieil Horace (sc. 7 et 8).

Acte III

Les deux armées protestent contre le combat fratricide.

Réactions d'Horace, de Curiace, Camille, Sabine, Julie (sc. 2, 3, 4) et du Vieil Horace (sc. 5).

Les Dieux consultés ordonnent le combat.

Réactions de Sabine, de Camille, du Vieil Horace (sc. 5).

Ses deux frères tués, Horace fuit.

Réactions de Curiace (IV. 2), de Julie, du Vieil Horace, de Sabine, de Camille (III, 6).

Acte IV

Horace tue les trois Curiaces.

Réactions du Vieil Horace, de Valère, de Camille (sc. 2, 3).

Horace revient chez lui, ivre de gloire.

Camille décide de faire, pour son amour, autant qu'Horace pour Rome (sc. 4, 5, 6).

Horace tue sa sœur Camille

Réactions d'Horace, de Sabine, du Vieil Horace (sc. 6 et 7 et V, 1).

Acte V

Jugement d'Horace.

Réactions d'Horace, de Valère, de Sabine, du Vieil Horace, du Roi (sc. 2, 3).

Vis pour servir l'État

(v. 1763).

Chaque **coup de théâtre** *nous instruit sur le caractère des personnages et sur les problèmes moraux qui leur sont posés.*

26

A MONSEIGNEUR LE CARDINAL
DUC DE RICHELIEU

Je n'aurais jamais eu la témérité de présenter à Votre Éminence ce mauvais portrait d'Horace, si je n'eusse considéré qu'après tant de bienfaits que j'ai reçus d'elle, le silence où mon respect m'a retenu jusqu'à présent passerait pour ingratitude, et que quelque juste défiance que j'aie de mon travail, je dois avoir encore plus de confiance en votre bonté. C'est d'elle que je tiens tout ce que je suis ; et ce n'est pas sans rougir que, pour toute reconnaissance, je vous fais un présent si peu digne de vous, et si peu proportionné à ce que je vous dois. Mais, dans cette confusion qui m'est commune avec tous ceux qui
10 écrivent, j'ai cet avantage qu'on ne peut, sans quelque injustice, condamner mon choix, et que ce généreux Romain, que je mets aux pieds de V. É., eût pu paraître devant elle avec moins de honte, si les forces de l'artisan eussent secondé répondu à la dignité de la matière. J'en ai pour garant l'auteur dont je l'ai tiré, qui commence à décrire cette fameuse histoire par ce glorieux éloge, « qu'il n'y a presque aucune chose plus noble dans l'antiquité ». Je voudrais que ce qu'il a dit de l'action se pût dire de la peinture que j'en ai faite, non pour en tirer plus de vanité, mais seulement pour vous offrir quelque chose un peu moins indigne de vous être offert. Le sujet était capable de plus de
20 grâces, s'il eût été traité d'une main plus savante ; mais du moins il a reçu de la mienne toutes celles qu'elle était capable de lui donner, et qu'on pouvait raisonnablement attendre d'une muse de province, qui n'étant pas assez heureuse pour jouir souvent des regards de V. É., n'a pas les mêmes lumières à se conduire qu'ont celles qui en sont continuellement éclairées. Et certes, MONSEIGNEUR, ce changement visible qu'on remarque en mes ouvrages depuis que j'ai l'honneur d'être à V. É., qu'est-ce autre chose qu'un effet des grandes idées qu'elle m'inspire quand elle daigne souffrir que je lui rende mes devoirs ? et à quoi peut-on attribuer ce qui s'y mêle de mauvais, qu'aux
30 teintures grossières que je reprends quand je demeure abandonné à ma propre faiblesse ? Il faut, MONSEIGNEUR, que tous ceux qui donnent leurs veilles au théâtre publient hautement avec moi que nous vous avons deux obligations très signalées : l'une, d'avoir ennobli le but de l'art ; l'autre, de nous en avoir facilité les connaissances. Vous avez ennobli le but de l'art, puisqu'au lieu de celui de plaire au peuple que nous prescrivent nos maîtres, et dont les deux plus honnêtes gens de leur siècle, Scipion et Laelie [1], ont autrefois protesté de se contenter, vous nous avez donné celui de vous plaire et de vous divertir ; et qu'ainsi nous ne rendons pas un petit service à l'État, puisque,
40 contribuant à vos divertissements, nous contribuons à l'entretien d'une santé qui lui est si précieuse et si nécessaire. Vous nous en avez

facilité¹ les connaissances, puisque nous n'avons plus besoin d'autre étude pour les acquérir que d'attacher nos yeux sur V. E. quand elle honore de sa présence et de son attention le récit de nos poèmes. C'est là que, lisant sur son visage ce qui lui plaît et ce qui ne lui plaît pas, nous nous instruisons avec certitude de ce qui est bon et de ce qui est mauvais, et tirons des règles infaillibles de ce qu'il faut suivre et de ce qu'il faut éviter; c'est là que j'ai souvent appris, en deux heures, ce que mes livres n'eussent pu m'apprendre en dix ans; c'est là que 50 j'ai puisé ce qui m'a rendu l'applaudissement du public; et c'est là qu'avec votre faveur j'espère puiser assez pour être un jour une œuvre digne de vos mains. Ne trouvez donc pas mauvais, MONSEIGNEUR, que pour vous remercier de ce que j'ai de réputation, dont je vous suis entièrement redevable, j'emprunte quatre vers d'un autre Horace que je vous présente, et que je vous exprime par eux les plus véritables sentiments de mon âme :

> *Totum muneris hoc tui est,*
> *Quod monstror digito praetereuntium,*
> *Scenae non levis artifex :*
> 60 *Quod spiro et placeo, si placeo, tuum est².*

Je n'ajouterai qu'une vérité à celle-ci, en vous suppliant de croire que je suis et serai toute ma vie, très passionnément,

MONSEIGNEUR,

De V. E.

Le très humble, très obéissant
et très fidèle serviteur,

CORNEILLE.

---

1. Scipion Émilien (le vainqueur de Numance et le destructeur de Carthage) et Laelius le sage étaient considérés (à tort), au XVIIᵉ s., comme les véritables auteurs des comédies. de Térence (IIᵉ s. av. J.-C.). Or, Térence a écrit dans le prologue de sa pièce *l'Andrienne* : « Ma seule tâche, à mon avis, est de faire des pièces qui plaisent au peuple. » — 2. Ce n'est pas à un homme, c'est à sa Muse, à Melpomène, que le poète latin Horace (65-8 av. J.-C.) exprime ainsi sa gratitude, à la fin d'une de ses *Odes* (IV, 3) : « Muse, c'est grâce à toi, uniquement grâce à toi que les passants me désignent du doigt, dans les rues, comme celui qui fait chanter la lyre romaine. Si j'ai du souffle et si je plais — dans la mesure où je plais —, c'est ton œuvre. » Corneille, lui, adresse ces vers à Richelieu — modifiant seulement le troisième pour l'adapter à lui-même; il remplace « celui qui fait chanter la lyre romaine » par « un homme de théâtre de quelque valeur ». Le même Corneille avait écrit, trois ans plus tôt, dans l'*Excuse à Ariste :* « Je ne dois qu'à moi seul toute ma renommée. »

Bibl. de l'Arsenal, Paris. Ph. Gailey Lagache © Photeb/T.

J.-P. Brissard. en 1786.
dans le rôle du vieil Horace

LE VIEIL HORACE. –

Qu'il mourût,
Ou qu'un beau désespoir alors
le secourût (III, 6)

Collect. de la Comédie-Française

CAMILLE. –

Oui, je lui ferai voir,
par d'infaillibles marques
qu'un véritable amour brave
la main des Parques
(IV, 4)

Rachel (1820-1858)
dans le rôle de CAMILLE
Peinture d'Édouard Dubuffe

LES PERSONNAGES

TULLE, roi de Rome.

LE VIEL HORACE, chevalier[1] romain.

HORACE, son fils.

CURIACE, gentilhomme d'Albe, amant[2] de Camille.

VALÈRE, chevalier romain, amoureux[3] de Camille.

SABINE, femme d'Horace et sœur de Curiace.

CAMILLE, amante de Curiace et sœur d'Horace.

JULIE, dame romaine, confidente de Sabine et de Camille.

FLAVIAN, soldat de l'armée d'Albe.

PROCULE, soldat de l'armée de Rome.

LE LIEU ET LE TEMPS

La scène est à Rome dans une salle de la maison d'Horace — salle volontairement non précisée pour la raison que nous explique Corneille lui-même dans son *Examen* (voir p. 116, l. 65).

« Du côté du temps, nous dit encore Corneille, l'action n'est point trop pressée et n'a rien qui ne me semble vraisemblable. » La pièce, en effet, commence très tôt dans la matinée, au moment où les deux armées vont se précipiter l'une contre l'autre, et le combat des Horaces contre les Curiaces, qui se passe ici pendant le troisième acte, a lieu quelques heures seulement après la suspension des hostilités (cela nous est précisé aux vers 329 et 330). Le délai entre le troisième et quatrième acte, de même, est extrêmement court (voir p. 84). Seul, le dernier entracte correspond à une durée plus longue, mais le Roi, qui de toute façon désirait venir rendre honneur au vieil Horace dès qu'il le pourrait (v. 1158), se hâte encore plus de venir chez lui lorsqu'il apprend le meurtre de Camille — pour régler l'affaire aussitôt que possible, à huis clos (voir *Justice et Raison d'Etat*, p. 113). L'action entière se passe donc dans la même journée.

L'INTERPRÉTATION

Elle doit être à la fois très sobre et très dramatique.

On aura le plus grand intérêt à écouter revivre la pièce dans la réalisation qu'en a donnée Alain Barroux aux *Sélections Sonores Bordas* (un disque 33 t., 30 cm) avec :

Jean NEGRONI	Horace
Jean-Louis TRINTIGNANT	Curiace
Alain CUNY	Le Vieil Horace
Maria TAMAR	Camille

etc.

Musique originale d'Odette Gartenlaub.

---

1. Romulus avait partagé le peuple en trois classes : patriciens (Corneille dit *gentilhommes*), chevaliers et plébéiens. Corneille précise nettement ici que le Vieil Horace n'a pas accordé sa fille à Valère, simple chevalier comme lui, mais à Curiace, *gentilhomme* d'Albe. Sa fille appartiendra à la nation rivale, mais elle sera patricienne. — 2. Celui qui aime d'amour une personne d'un autre sexe et qui en est aimé. — 3. Celui qui aime, mais sans être aimé.

HORACE

TRAGÉDIE
REPRÉSENTÉE POUR LA PREMIÈRE FOIS A PARIS
SUR LE THÉÂTRE DU MARAIS
EN 1640

ACTE PREMIER

SCÈNE PREMIÈRE. — SABINE, JULIE.

SABINE. — Approuvez ma faiblesse, et souffrez [1] ma douleur;
Elle [2] n'est que trop juste en un si grand malheur :
Si près de [3] voir sur soi fondre de tels orages,
L'ébranlement sied bien aux plus fermes courages [4],
5 Et l'esprit le plus mâle et le moins abattu
Ne saurait sans désordre exercer sa vertu.
Quoique le mien s'étonne [5] à ces rudes alarmes,
Le trouble de mon cœur ne peut rien sur mes larmes [6],
Et parmi les soupirs qu'il pousse vers les Cieux,
10 Ma constance [7] du moins règne encor sur mes yeux.
Quand on arrête là les déplaisirs d'une âme,
Si l'on fait moins qu'un homme, on fait plus qu'une femme;
Commander à ses pleurs en cette extrémité,
C'est montrer pour le sexe [8] assez de fermeté.

JULIE. —15 C'en est peut-être assez pour une âme commune,
Qui du moindre péril se fait une infortune,
Mais de cette faiblesse un grand cœur est honteux [9];
Il ose espérer tout dans un succès [10] douteux.
Les deux camps sont rangés au pied de nos murailles;

---

1. Tolérez. — 2. Le pronom *elle* reprend *douleur*, mais aussi *faiblesse*. — 3. Tour elliptique pour : quand on est si près de voir... Ce tour serait aujourd'hui peu correct, parce que le sujet sous-entendu de l'infinitif *voir* n'est pas le même que celui de la principale. — 4. Courage : cœur, siège des sentiments (sens fréquent au XVIIᵉ siècle). — 5. Soit frappé d'effroi, d'épouvante (on sent encore dans le mot, au XVIIᵉ siècle, sa racine : *tonnerre*). — 6. Ne peut me forcer à pleurer (voir le v. 10). — 7. Fermeté. — 8. Pour une femme (sens fréquent aux XVIIᵉ et XVIIIᵉ siècles). — 9. Première version (1641) :

> C'en est assez et trop pour une âme commune
> Qui du moindre péril n'attend qu'une infortune.
> D'un tel abaissement un grand cœur est honteux.

— 10. Résultat, bon ou mauvais.

²⁰ Mais Rome ignore encor comme [1] on perd des batailles.
Loin de trembler pour elle, il lui [2] faut applaudir :
Puisqu'elle va combattre, elle va s'agrandir :
Bannissez, bannissez une frayeur si vaine,
Et concevez des vœux dignes d'une Romaine.

SABINE. —²⁵ Je suis Romaine, hélas ! puisqu'Horace est Romain [3] ;
J'en ai reçu le titre en recevant sa main ;
Mais ce nœud me tiendrait en esclave enchaînée,
S'il m'empêchait de voir en quels lieux je suis née.
Albe, où j'ai commencé de [4] respirer le jour,
³⁰ Albe, mon cher pays et mon premier amour ;
Lorsqu'entre nous et toi je vois la guerre ouverte,
Je crains notre victoire autant que notre perte.
    Rome, si tu te plains que c'est là te trahir,
Fais-toi des ennemis que je puisse haïr.
³⁵ Quand je vois de tes murs leur armée et la nôtre,
Mes trois frères dans l'une, et mon mari dans l'autre,
Puis-je former des vœux et sans impiété [5]
Importuner le Ciel pour ta félicité ?
Je sais que ton État, encore en sa naissance,
⁴⁰ Ne saurait, sans la guerre, affermir sa puissance ;
Je sais qu'il doit s'accroître, et que tes grands destins
Ne le borneront pas chez les peuples latins ;
Que les Dieux t'ont promis l'empire de la terre,
Et que tu n'en [6] peux voir l'effet [7] que [8] par la guerre.
⁴⁵ Bien loin de m'opposer à cette noble ardeur
Qui suit l'arrêt des Dieux et court à ta grandeur,
Je voudrais déjà voir tes troupes couronnées,
D'un pas victorieux franchir les Pyrénées.
Va jusqu'en l'Orient pousser tes bataillons ;
⁵⁰ Va sur les bords du Rhin planter tes pavillons ;
Fais trembler sous tes pas les colonnes d'Hercule [9] ;

---

1. Comment. — 2. On disait, au XVIIᵉ siècle, *applaudir* à (transitif indirect), et l'on plaçait le pronom complément avant le verbe dont dépendait l'infinitif : voir le v. 254. Aujourd'hui : il vous faut l'acclamer. — 3. Première version (1641) :

> Je suis Romaine, hélas ! puisque mon époux l'est ;
> L'hymen me fait de Rome embrasser l'intérêt ;
> Mais il tiendrait mon âme en esclave enchaînée
> S'il m'ôtait le penser des lieux où je suis née.

Corneille a supprimé l'un des calembours possibles (*poux-l'est* : poulet) du v. 25, mais il est curieux qu'il ne se soit jamais efforcé de supprimer le second (*maine-hélas* : Ménélas), que pourtant les comédiens avaient dû lui signaler. — 4. La préposition *de* est alors employée avec beaucoup de verbes construits aujourd'hui avec *à*. — 5. Diérèse : *pi-é té* . — 6. *En* : de cette promesse ; l'antécédent de *en* se tire facilement du mot *promis* (v. 43). — 7. La réalisation (de la promesse). — 8. Si ce n'est. — 9. Une des extrémités du monde connu des Anciens : l'actuel détroit de Gibraltar créé par Hercule, selon la légende : il avait séparé en deux les montagnes qui empêchaient la Méditerranée de communiquer avec l'Océan.

> Mais respecte une ville à qui tu dois Romule [1].
> Ingrate, souviens-toi que du sang de ses rois
> Tu tiens ton nom, tes murs et tes premières lois [2].

1. Au XVIIe siècle, on francisait la plupart des noms latins. Romulus, qui avait onné son nom à Rome, était né, selon la tradition, du dieu Mars et de la vestale Rhéa Silvia, fille du roi d'Albe Numitor. — 2. Les lois religieuses en particulier : le remier sacrifice offert aux dieux par Romulus, après la fondation de la ville, leur fut ffert selon le rite albain, nous dit Tite-Live; les autres lois furent dictées par Romulus lui-même.

● **L'exposition** — La nature même d'une pièce classique exige que l'exposition ait trois qualités essentielles.
— Elle doit apprendre aux spectateurs, le plus rapidement possible, tout ce qu'il leur faut savoir pour comprendre l'action et l'attitude des personnages.
— Elle doit être vraisemblable : les personnages en scène doivent parler pour eux et non pour nous (puisqu'ils ne savent pas que nous les écoutons); si nous apprenons de leur bouche un certain nombre de choses, ce doit être parce qu'ils sont obligés de se les dire, étant donné la situation.
— Elle doit être intéressante, c'est-à-dire nous faire assister, déjà, à un conflit ou tout au moins à une opposition entre deux ou plusieurs des personnages de la pièce ; nous révéler les caractères et les problèmes moraux posés.
① Dites ce que vous pensez de cette première partie de l'exposition d'*Horace* à ces trois points de vue.
a) Sommes-nous assez vite informés? quels renseignements vagues ou précis nous sont donnés? dans quels vers?
b) Qu'est-ce qui explique, qu'est-ce qui justifie cette conversation entre Sabine et Julie, *aujourd'hui*? Pourquoi cette conversation n'a-t-elle pas eu lieu la veille? ou il y a un mois? Pourquoi Sabine est-elle amenée à rappeler à Julie, *aujourd'hui*, combien sa situation est tragique?
c) Cette scène présente-t-elle un intérêt psychologique et moral? Quel est l'objet précis de la discussion entre Sabine et Julie?... Sabine, notez-le, demande à Julie d' « approuver » sa douleur, de la trouver « juste », pourquoi?... Est-ce que cela ne nous laisse pas pressentir l'une des grandes oppositions morales de la pièce? Curiace lui aussi (acte II, scène 3) tiendra à garder sa douleur, parce que l'étouffer en soi, lorsqu'elle est légitime, ce serait cesser d'être un homme.
② Sabine est bien ici la sœur de Curiace, montrez-le. Au contraire, la Romaine Julie répond déjà comme Horace : dans quels vers?
● **L'art de Corneille** — Ne confondez pas l'apostrophe et la prosopopée. La *prosopopée* est la figure de style par laquelle on anime et on fait parler des êtres absents ou même des personnages irréels, des allégories, des objets.
L'*apostrophe* est la figure par laquelle on interpelle tout à coup des êtres absents, ou même des personnages irréels, des allégories, des objets.
③ Paul-Louis Courier appelle ces figures « des machines de rhétorique », « la mitraille de l'éloquence ».
Estimez-vous qu'il ait raison, d'après les deux figures employées dans le texte ci-contre? Essayez de distinguer de façon précise ce qui est naturel, vrai, émouvant, de ce qui est artificiel, grandiloquent, ennuyeux.

55 Albe est ton origine [1] : arrête et considère
Que tu portes le fer dans le sein de ta mère.
Tourne ailleurs les efforts de tes bras triomphants;
Sa joie éclatera dans l'heur [2] de ses enfants;
Et se laissant ravir à [3] l'amour maternelle [4],
60 Ses vœux seront pour toi, si tu n'es plus contre elle.

JULIE.   — Ce discours me surprend, vu que depuis le temps
Qu'on a contre son peuple armé nos combattants,
Je vous ai vu pour elle autant d'indifférence
Que si d'un sang romain vous aviez pris naissance.
65 J'admirais la vertu qui réduisait en vous
Vos plus chers intérêts à ceux de votre époux;
Et je vous consolais au milieu de vos plaintes,
Comme si notre Rome eût fait [5] toutes vos craintes.

SABINE.   — Tant qu'on ne s'est choqué qu'en de légers combats,
70 Trop faibles pour jeter un des partis à bas,
Tant qu'un espoir de paix a pu flatter [6] ma peine,
Oui, j'ai fait vanité [7] d'être toute Romaine.
Si j'ai vu Rome heureuse avec quelque regret,
Soudain j'ai condamné ce mouvement secret;
75 Et si j'ai ressenti, dans ses destins contraires,
Quelque maligne joie en faveur de mes frères,
Soudain, pour l'étouffer rappelant ma raison,
J'ai pleuré quand la gloire entrait dans leur maison.
Mais aujourd'hui qu'il faut que l'une ou l'autre tombe,
80 Qu'Albe devienne esclave, ou que Rome succombe,
Et qu'après la bataille il ne demeure plus
Ni d'obstacle aux vainqueurs, ni d'espoir aux vaincus;
J'aurais pour mon pays une cruelle haine,
Si je pouvais encore être toute Romaine,
85 Et si je demandais votre triomphe aux Dieux,
Au prix de tant de sang qui [8] m'est si précieux.
Je m'attache un peu moins aux intérêts d'un homme :
Je ne suis point pour Albe, et ne suis plus pour Rome;
Je crains pour l'une et l'autre en ce dernier effort [9],
90 Et serai du parti qu'affligera [10] le sort.
Égale à [11] toutes deux jusques à la victoire,

---

1. Voir le récit de Tite-Live, p. 21, l. 3-5. — **2.** Bonheur; ce sens apparaît encore dan l'expression : heur et malheur. — **3.** S'abandonnant à l'amour de mère qu'elle a pour t Rome, sa fille. — **4.** *Amour* n'est pas féminin aujourd'hui qu'au pluriel. — **5.** Caus — **6.** Calmer, adoucir. — **7.** J'ai été fière (à mes yeux et à ceux des autres) de..., j'ai ter à bien me montrer et à leur montrer que... — **8.** Il serait incorrect aujourd'hui d'adjoind une relative à un mot *(sang)* qui n'est pas déterminé avec précision par un article, u démonstratif ou un possessif. — **9.** Tentative où l'on met tout ce que l'on a de *forc* — **10.** Accablera. — **11.** Impartiale envers : voir la n. 3.

Je prendrai part aux maux sans en prendre à la gloire;
Et je garde, au milieu de tant d'âpres rigueurs [1],
Mes larmes aux vaincus, et ma haine aux vainqueurs.

---

1. Variante : ... « et garde, en attendant ces funestes rigueurs ».

- **La compréhension du texte** — Les vers 59-60 signifient : si toi (Rome) tu ne fais plus la guerre à Albe, celle-ci se laissera emporter par l'amour maternel qu'elle éprouve pour toi, sa fille (voir le récit de Tite-Live, p. 21, l. 2-5), et tous les Albains feront des vœux pour tes triomphes (*se laissant* est apposition de *Albe* sous-entendu, inclus dans l'adjectif possessif *ses;* cette construction ne serait plus possible aujourd'hui).

- **L'histoire** — Pour vous expliquer les réactions de Sabine (v. 79-82) rappelez-vous quelles étaient les conséquences les plus fréquentes des guerres de l'antiquité : les hommes du pays vaincu étaient passés au fil de l'épée, les femmes et les enfants devenaient esclaves.

  ④ Sabine est assurément d'esprit plus pacifique que Julie et que tous les Romains de la pièce (voir p. 21, n. 2), — mais elle accepte très facilement que Rome fasse la guerre à tous les autres pays. Comment le justifie-t-elle? Que pensez-vous de sa justification? Comparez ce que dit Sabine aux v. 39-47 et ce que dira le vieil Horace aux v. 988-991.

- **Les caractères** — Albaine par sa naissance et par son éducation, mais Romaine par son mariage et par sa vie actuelle, SABINE sait qu'elle doit prendre parti pour Rome. Elle s'y oblige, en partie d'ailleurs par amour-propre (*Oui, j'ai fait vanité d'être toute Romaine,* v. 72), pour montrer aux autres et se montrer à elle-même combien elle est maîtresse de son cœur, puisqu'elle accepte sans retour la nouvelle vie qui est la sienne. Effectivement, elle y est parvenue pendant longtemps et au début de la scène encore, lorsqu'elle dit (v. 32) *notre victoire, notre perte,* c'est à la victoire et à la perte de Rome qu'elle pense; lorsqu'elle dit *nous* (v. 31), c'est des Romains qu'elle parle. Mais peu à peu, pendant qu'elle analyse ce qui se passait au plus profond d'elle-même, ses sentiments pour Albe reprennent de la force.

  ② Analysez cette évolution. Est-ce que Sabine dit encore *nous* en parlant de Rome au vers 85? A quelle solution s'arrête-t-elle désormais? pourquoi? est-ce qu'elle s'en veut de sa nouvelle attitude, ou bien est-ce qu'elle la justifie? Quelle devra être sa mission de femme, à l'issue du combat?

- **L'habileté des transitions** — Dans les vers 95 et 96, *passions* est sujet du verbe de la proposition infinitive (on voit *des passions naître*), et *traverses* (obstacles, malheurs) est complément d'origine de *naître.*

  ③ D'après ces indications, traduisez les deux vers en français moderne, et montrez qu'ils forment transition avec la deuxième partie de l'exposition; il va s'agir d'un personnage placé dans une situation analogue à celle de Sabine, mais réagissant différemment.

JULIE. —[95] Qu'on voit naître souvent de pareilles traverses,
En des esprits divers, des passions diverses !
Et qu'à nos yeux Camille agit bien autrement !
Son frère est votre époux, le vôtre est son amant ;
Mais elle voit d'un œil bien différent du vôtre
[100] Son sang [1] dans une armée, et son amour dans l'autre.
Lorsque vous conserviez un esprit tout romain,
Le sien, irrésolu, le sien, tout incertain [2],
De la moindre mêlée appréhendait l'orage,
De tous les deux [3] partis détestait l'avantage,
[105] Au malheur des vaincus donnait toujours ses pleurs,
Et nourrissait ainsi d'éternelles douleurs.
Mais hier [4], quand elle sut qu'on avait pris journée,
Et qu'enfin la bataille allait être donnée,
Une soudaine joie éclatant sur son front...

SABINE. —[110] Ah ! que je crains, Julie, un changement si prompt !
Hier [4] dans sa belle humeur elle entretint Valère ;
Pour ce rival, sans doute, elle quitte mon frère ;
Son esprit, ébranlé par les objets [5] présents,
Ne trouve point d'absent aimable après deux ans.
[115] Mais excusez l'ardeur d'une amour fraternelle ;
Le soin [6] que j'ai de lui me fait craindre tout d'elle ;
Je forme des soupçons d'un trop léger sujet :
Près d'un jour si funeste on change peu d'objet ;
Les âmes rarement sont de nouveau   blessées [7],
[120] Et dans un si grand trouble on a d'autres pensées ;
Mais on n'a pas aussi [8] de si doux entretiens,
Ni de contentements qui soient pareils aux siens.

JULIE. — Les causes, comme à vous, m'en semblent fort obscures ;
Je ne me satisfais d'aucunes conjectures [9].
[125] C'est assez de constance en un si grand danger
Que de le voir, l'attendre, et ne point s'affliger ;
Mais certes c'en est trop d'aller jusqu'à la joie.

──────────

1. Métonymie : quelqu'un de son sang, de sa famille, c'est-à-dire ici ses trois frères. —
2. Variante : « Le sien irrésolu, tremblotant, incertain. » Corneille a supprimé le m[ot]
tremblotant qui pouvait facilement devenir ridicule, qui détonait en tout cas dans le lan[-]
gage tragique. — 3. *Tous les deux* pouvait s'employer, au XVIIe s., devant un nom ; Cor[-]
neille le fait ici d'autant plus volontiers que ce pléonasme renforce l'expression. — 4. Hi[er]
compte pour une seule syllabe (synérèse). — 5. « Se dit poétiquement des belles personn[es]
qui donnent de l'amour » (*Dict.* de Furetière, 1690). — 6. Souci. — 7. Première version :

> Je forme des soupçons d'un sujet trop léger :
> Le jour d'une bataille est mal propre à changer ;
> D'un nouveau trait alors peu d'âmes sont blessées.

Blessées, ici et au v. 119, signifie : touchées par l'amour. — 8. On n'a pas non plus. —
9. Nous emploierions aujourd'hui le singulier.

SABINE. — Voyez qu'un bon génie à propos nous l'envoie.
Essayez sur ce point de la faire parler :
130 Elle vous aime assez pour ne vous rien celer.
Je vous laisse. Ma sœur, entretenez Julie :
J'ai honte de montrer tant de mélancolie,
Et mon cœur, accablé de mille déplaisirs,
Cherche la solitude à [1] cacher ses soupirs.

SCÈNE II. — CAMILLE, JULIE.

CAMILLE.—135 Qu'elle a tort de vouloir que je vous entretienne!
Croit-elle ma douleur moins vive que la sienne,
Et que plus insensible à de si grands malheurs,
A mes tristes discours je mêle moins de pleurs ?
De pareilles frayeurs mon âme est alarmée;
140 Comme elle je perdrai dans l'une et l'autre armée :
Je verrai mon amant, mon plus unique [2] bien,
Mourir pour son pays ou détruire le mien,
Et cet objet d'amour devenir, pour ma peine,
Digne de mes soupirs ou digne de ma haine [3].
145 Hélas !

---

1. Pour : voir le v. 59, n. 3. — 2. Superlatif pléonastique, incorrect aujourd'hui mais particulièrement révélateur de la passion de Camille. — 3. Variante (1641) : « Ou digne de mes pleurs, ou digne de ma haine. »

- **L'habileté dramatique** — Brusquement, dans cette scène jusque-là si sombre, il est question d'une *joie* qui éclate (v. 109) mais, nous le sentons tout de suite, d'une joie étrange, inquiétante, qui pose un problème... La deuxième partie de l'exposition ne ressemblera donc pas à la première : Corneille prépare l'entrée en scène de Camille, il force les spectateurs à se poser, à son propos, les questions que se posent Sabine et Julie. Dès les premières paroles de Camille, nous l'écouterons avidement.

- **Les caractères. L'importance du ton** — Il importe au théâtre que chaque personnage se reconnaisse à la manière dont il parle. Le style, c'est le personnage, pourrait-on dire.
① Que sentons-nous tout de suite, dès les premières paroles de Camille? Sur quel ton parle-t-elle? A-t-elle beaucoup d'affection pour Sabine? Devinons-nous quelque peu, d'après ces vers, et d'après le brusque départ de Sabine, l'atmosphère de la maison du vieil Horace, les rapports des deux belles-sœurs? (voir les scènes 3 et 4 de l'acte III). Parmi les sentiments divers qu'elle éprouve, Camille sait-elle déjà, à votre avis, lequel est le plus puissant dans son âme? Quelle expression très caractéristique emploie-t-elle pour parler de Curiace? Cependant, elle envisage qu'il pourrait devenir digne de sa haine; comment vous expliquez-vous son attitude?

JULIE. —   Elle est pourtant plus à plaindre que vous :
On peut changer d'amant, mais non changer d'époux.
Oubliez Curiace [1], et recevez Valère,
Vous ne tremblerez plus pour le parti contraire [2];
Vous serez toute nôtre, et votre esprit remis [3]
150 N'aura plus rien à perdre au [4] camp des ennemis.

CAMILLE. — Donnez-moi des conseils qui soient plus légitimes,
Et plaignez mes malheurs sans m'ordonner des crimes.
Quoiqu'à peine à mes maux je puisse résister,
J'aime mieux les souffrir que de les mériter.

JULIE. — 155 Quoi! vous appelez crime un change [5] raisonnable ?

CAMILLE. — Quoi! le manque de foi vous semble pardonnable!

JULIE. — Envers un ennemi qui peut nous obliger [6] ?

CAMILLE. — D'un serment solennel qui peut nous dégager ?

JULIE. — Vous déguisez en vain une chose trop claire :
160 Je vous vis encore hier [7] entretenir Valère;
Et l'accueil gracieux qu'il recevait de vous
Lui permet de nourrir un espoir assez doux .

CAMILLE. — Si je l'entretins hier et lui fis bon visage,
N'en imaginez rien qu'à son désavantage [8] :
165 De mon contentement un autre était l'objet.
Mais pour sortir d'erreur sachez-en le sujet;
Je garde à Curiace une amitié [9] trop pure [10]
Pour souffrir plus longtemps qu'on m'estime parjure.
Il vous souvient qu'à peine on voyait de sa sœur
170 Par un heureux hymen mon frère possesseur,
Quand [11], pour comble de joie, il obtint de mon père
Que de ses chastes feux je serais le salaire [12].
Ce jour nous fut propice et funeste à la fois :
Unissant nos maisons, il désunit nos rois;
175 Un même instant conclut notre hymen et la guerre,
Fit naître notre espoir et le jeta par terre,
Nous ôta tout, sitôt qu'il nous eut tout promis,
Et, nous faisant amants, il nous fit ennemis.

---

1. Utiliser la diérèse *(Curi-ace)* chaque fois que ce nom est prononcé. — 2. Ennem[i]
— 3. Calmé. — 4. Dans le : voir le v. 59, n. 3. — 5. Changement. — 6. Qu'est-ce qui pe[ut]
créer un devoir, une obligation ? *Qui* est neutre, comme au vers suivant. — 7. Voir [le]
v. 111. — 8. Qui ne soit à son désavantage, si ce n'est à son désavantage. — 9. Litote pou[r]
amour. — 10. Absolue, exclusive. — 11. *Quand* est annoncé par *à peine* (v. 169); on emploie[-]
rait plutôt aujourd'hui la conjonction *que*. — 12. Langage galant : je serais la récompens[e]
de son amour, je deviendrais sa femme.

Combien nos déplaisirs parurent lors extrêmes!
180 Combien contre le Ciel il [1] vomit de blasphèmes!
Et combien de ruisseaux coulèrent de mes yeux!
Je ne vous le dis point, vous vîtes nos adieux;
Vous avez vu depuis les troubles de mon âme :
Vous savez pour la paix quels vœux a faits ma flamme,
185 Et quels pleurs j'ai versés à chaque événement,
Tantôt pour mon pays, tantôt pour mon amant.

---

1. Dans un récit normal, ce *il*, comme celui du v. 171, serait peu correct : l'antécédent est beaucoup trop loin, et il y a un autre *il*, signifiant *instant*, aux v. 177 et 178. Mais, dans la bouche de Camille, il ne peut y avoir aucune ambiguïté possible : elle ne pense qu'à Curiace.

- **Les caractères** — Le vieil Horace est veuf depuis un certain temps déjà, et JULIE, *dame romaine* (voir *les Personnages*, p. 30), est devenue en quelque sorte la « gouvernante » de la maison.
  Étant donné le rôle qu'il lui fera jouer au troisième acte, où son manque de sang-froid amènera un coup de théâtre très important, Corneille a fait d'elle un personnage assez inattendu dans une tragédie, mais vraisemblable : exaltée, peu intelligente, employant n'importe quels arguments, elle représente dans la pièce la variété « chauvine » du patriotisme. C'était déjà sensible dans la première scène (dans quels vers?). Ici, pour obtenir de Camille les éclaircissements que souhaite sa curiosité, elle va jusqu'à soutenir qu'il n'y a aucune règle morale à respecter à l'égard des ennemis, et que l'on peut violer sans aucun scrupule les engagements pris envers eux.
  CAMILLE, en face d'elle, proclame solennellement la primauté de la morale, avec sincérité bien sûr, mais quel est, en réalité, son sentiment le plus profond? Pourquoi répète-t-elle avec une fermeté si farouche qu'elle n'a pas le droit de rompre avec Curiace, que ce serait un crime? Observez comment, dans une situation différente et avec un sourire cette fois, elle emploiera aussi un argument moral pour dire à Curiace qu'elle consent à être sa femme (v. 340).

- **L'art de Corneille** — Le rythme sert à l'expression des sentiments.
  — V. 155-158 : à la fois parallèles et opposés deux à deux (stichomythie) pour exprimer le choc d'arguments passionnés, le « duel » des répliques.
  — V. 161 : prononcez le mot *gracieux* en trois syllabes, non seulement pour que le vers soit juste, mais pour mieux détacher l'adjectif. C'est le mot sur lequel Julie insiste, afin de forcer les confidences de Camille.
  — V. 173-178 : ils achèvent l'exposition de la pièce, mais sont justifiés psychologiquement. Camille éprouve une espèce de satisfaction amère à se rappeler combien le sort s'est acharné sur elle, la faisant passer brutalement de l'extrême bonheur à l'extrême malheur. D'où des vers antithétiques, mais qui ne produisent aucun effet de monotonie, car ils sont tantôt symétriques (6 + 6), tantôt dissymétriques (9 + 3 ou 3 + 9). Surtout, ils suivent exactement le ton de Camille.
  ① Utilisez ces indications pour « dire » cette tirade d'une façon vivante et émouvante.

Enfin mon désespoir, parmi ces longs obstacles,
M'a fait avoir recours à la voix des oracles.
Écoutez si celui qui me fut hier [1] rendu
190 Eut droit de rassurer mon esprit éperdu [2].
Ce Grec si renommé, qui depuis tant d'années
Au pied de l'Aventin [3] prédit nos destinées,
Lui qu'Apollon [4] jamais n'a fait parler à faux,
Me promit par ces vers la fin de mes travaux [5] :
195 « Albe et Rome demain prendront une autre face;
Tes vœux sont exaucés, elles auront la paix,
Et tu seras unie avec ton Curiace,
Sans qu'aucun mauvais sort t'en sépare jamais [6]. »
Je pris sur cet oracle une entière assurance,
200 Et comme le succès [7] passait [8] mon espérance,
J'abandonnai mon âme à des ravissements
Qui passaient les transports des plus heureux amants.
Jugez de leur excès : je rencontrai Valère,
Et contre sa coutume il ne put me déplaire,
205 Il me parla d'amour sans me donner d'ennui :
Je ne m'aperçus pas que je parlais à lui [9];
Je ne lui pus montrer de mépris ni de glace [10] :
Tout ce que je voyais me semblait Curiace;
Tout ce qu'on me disait me parlait de ses feux [11];
210 Tout ce que je disais l'assurait de mes vœux.
Le combat général aujourd'hui se hasarde;
J'en sus hier [12] la nouvelle, et je n'y pris pas garde :
Mon esprit rejetait ces funestes objets [13],
Charmé des doux pensers d'hymen et de la paix [14].
215 La nuit a dissipé des erreurs si charmantes,
Mille songes affreux, mille images sanglantes,
Ou plutôt mille amas de carnage et d'horreur,
M'ont arraché ma joie et rendu ma terreur.
J'ai vu du sang, des morts, et n'ai rien vu de suite [15],
220 Un spectre en paraissant prenait soudain la fuite;

---

1. Voir le v. 111. — 2. Put, à juste titre, me rassurer. L'article était fréquemment omis au XVII⁰ s. *(eut droit)* dans un certain nombre de locutions verbales. — 3. Une des sept collines de Rome. — 4. Apollon était censé inspirer plus particulièrement les devins; c'est lui qui s'exprimait, à Delphes, par la bouche de la Pythie. — 5. Mes tourments. — 6. Noter que Corneille emploie, pour reproduire l'oracle, des rimes croisées *(f m f m)* au lieu des rimes plates qui sont de règle dans un poème dramatique *(f f m m f f...)* : une seule exception dans l'œuvre de Corneille : *Agésilas.* — 7. Le résultat : voir le v. 18. — 8. Dépassait : pour trouver le sens actuel d'un assez grand nombre de verbes en usage au XVII⁰ s., on leur ajoute, mentalement, un préfixe en rapport avec le contexte. — 9. Forme emphatique. Pour insister sur le pronom complément, on emploie aujourd'hui le gallicisme *c'est à... que* : c'est à lui que je parlais. — 10. De froideur. — 11. De son amour : langage galant alors en usage. — 12. Voir le v. 111. — 13. Sens fort (penser à *funèbres, funérailles*) : objets annonçant la mort. — 14. Il serait incorrect aujourd'hui de supprimer l'article pour un complément et non pour l'autre. — 15. Rien qui eût une *suite* logique, qui fût cohérent.

Ils s'effaçaient l'un l'autre, et chaque illusion
Redoublait mon effroi par sa confusion.

JULIE. — C'est en contraire sens qu'un songe s'interprète.

CAMILLE. — Je le dois croire ainsi, puisque je le souhaite;
225 Mais je me trouve enfin, malgré tous mes souhaits,
Au jour d'une bataille, et non pas d'une paix.

JULIE. — Par là finit la guerre et la paix lui succède.

CAMILLE. — Dure à jamais le mal, s'il y faut ce remède!
Soit que Rome y succombe ou qu'Albe ait le dessous,
230 Cher amant, n'attends plus d'être [1] un jour mon époux;
Jamais, jamais ce nom ne sera pour un homme
Qui soit ou le vainqueur ou l'esclave de Rome [2].
    Mais quel objet [3] nouveau se présente en ces lieux?
Est-ce toi, Curiace? en croirai-je mes yeux?

---

1. Ne t'attends plus à être. — 2. Première version :

> Mon cœur, quelque grand feu qui pour toi le consomme,
> Ne veut ni le vainqueur ni l'esclave de Rome.

— 3. Sens étymologique : ce (être, objet ou idée) qui se présente aux yeux ou à l'esprit.

● **Le style précieux au service de la psychologie** — Au lieu de dire : « Finalement j'ai eu recours aux oracles », Camille avoue (v. 187-188) : *Enfin mon désespoir* [...] *M'a fait avoir recours* aux oracles. En isolant ainsi en elle (à la mode précieuse) le sentiment qui l'a fait agir, Camille — et Corneille — nous rendent plus sensible une vérité psychologique : c'est avant tout le désespoir qui rend les gens superstitieux, qui les pousse à se fier à n'importe quelle croyance.
Camille est peu croyante, toute la pièce le démontrera, mais ici « elle ne sait plus à quel saint se vouer », pourrait-on dire.
① Que les « cinéphiles » se rappellent, en un genre très différent, le film de Vittorio de Sica, *Voleur de bicyclette*. Au début du film, le mari, encore lucide, reproche violemment à sa femme d'avoir puisé dans leurs maigres économies pour aller consulter une voyante... mais il ira la consulter lui-même quelques jours plus tard, lorsqu'il sera redevenu chômeur et aura perdu tout espoir. Expliquez ces incohérences.

● **Les caractères**
② Vous paraît-il vraisemblable que CAMILLE soit si aimable avec Valère? Interrogez votre propre expérience. Lorsque vous êtes de bonne humeur, à plus forte raison très heureux, n'avez-vous pas tendance à vous montrer plus aimable envers chacun, même envers ceux qui vous sont les moins sympathiques?
③ Camille se préoccupe-t-elle une seconde d'avoir donné de faux espoirs à Valère? Quel trait de caractère nous révèle-t-elle ainsi?
④ Pourquoi a-t-on cru pendant si longtemps que les songes prédisaient l'avenir, tout en hésitant cependant beaucoup sur le sens de leurs révélations (v. 222)? En quoi réellement peuvent-ils être instructifs?
⑤ Dans quel vers Camille nous fait-elle connaître, involontairement, la sottise (et la puissance) de la superstition?

SCÈNE III. — CURIACE, CAMILLE, JULIE.

CURIACE. —[235] N'en doutez point, Camille, et revoyez un homme
　　　　　　Qui n'est ni le vainqueur ni l'esclave de Rome;
　　　　　　Cessez d'appréhender de voir rougir mes mains
　　　　　　Du poids honteux des fers ou du sang des Romains.
　　　　　　J'ai cru que vous aimiez assez Rome et la gloire
　　　　[240] Pour mépriser ma chaîne et haïr ma victoire [1];
　　　　　　Et comme également en cette extrémité
　　　　　　Je craignais la victoire et la captivité...

CAMILLE. — Curiace [2], il suffit, je devine le reste :
　　　　　　Tu fuis une bataille à tes vœux si funeste,
　　　　[245] Et ton cœur, tout à moi, pour ne me perdre pas,
　　　　　　Dérobe à ton pays le secours de ton bras.
　　　　　　Qu'un autre considère ici ta renommée
　　　　　　Et te blâme, s'il veut, de m'avoir trop aimée;
　　　　　　Ce n'est point à Camille à [3] t'en mésestimer :
　　　　[250] Plus ton amour paraît [4], plus elle doit t'aimer;
　　　　　　Et si tu dois beaucoup aux lieux qui t'ont vu naître,
　　　　　　Plus tu quittes pour moi, plus tu le [5] fais paraître.
　　　　　　Mais as-tu vu mon père, et peut-il endurer
　　　　　　Qu'ainsi dans sa maison tu t'oses retirer [6] ?
　　　　[255] Ne préfère-t-il point l'État à sa famille ?
　　　　　　Ne regarde-t-il point Rome plus que sa fille ?
　　　　　　Enfin notre bonheur est-il bien affermi ?
　　　　　　T'a-t-il vu comme gendre [7] ou bien comme ennemi ?

CURIACE. — Il m'a vu comme gendre, avec une tendresse
　　　　[260] Qui témoignait assez une entière allégresse;
　　　　　　Mais il ne m'a point vu, par une trahison,
　　　　　　Indigne de l'honneur d'entrer dans sa maison.
　　　　　　Je n'abandonne point l'intérêt de ma ville,
　　　　　　J'aime encor mon honneur en adorant Camille [8].
　　　　[265] Tant qu'a duré la guerre, on m'a vu constamment
　　　　　　Aussi bon citoyen que véritable amant.

---

1. Éclairer ce vers abstrait par les vers 231-232, 237-238 : *J'ai cru que vous aimiez assez* [...] *la gloire* pour me mépriser si j'étais vaincu, et que *vous aimiez assez Rome* pour me haïr si j'étais parmi les vainqueurs de Rome. — 2. Faire la diérèse : voir p. 38, n. 1. — 3. La préposition *à* pouvait remplacer, au XVIIᵉ s., la plupart des autres; ici, *de* : voir le v. 59. — 4. Apparaît : voir p. 40, n. 8. — 5. *Le* a pour antécédent *ton amour* (v. 250). — 6. Tu oses te retirer : le pronom complément de l'infinitif est placé, au XVIIᵉ s., devant le verbe qui introduit cet infinitif. — 7. Comme un futur gendre. — 8. *Camille* rime avec *ville* qui se prononce pourtant de façon différente : il y a ici une rime normande.

> D'Albe avec mon amour j'accordais la querelle [1] :
> Je soupirais pour vous en combattant pour elle;
> Et s'il fallait encor que l'on en vînt aux coups,
> 270 Je combattrais pour elle en soupirant pour vous.
> Oui, malgré les désirs de mon âme charmée [2],
> Si la guerre durait, je serais dans l'armée;
> C'est la paix qui chez vous me donne un libre accès,
> La paix à qui nos feux [3] doivent ce beau succès.

CAMILLE. — 275 La paix ! Et le moyen de croire un tel miracle ?

JULIE. — Camille, pour le moins, croyez-en votre oracle,
Et sachons pleinement par quels heureux effets
L'heure d'une bataille a produit cette paix.

---

1. Les intérêts. — 2. Ravie d'amour, envoûtée par vous ; au XVIIᵉ s., le mot *charme* garde encore beaucoup de son sens premier : pouvoir magique. — 3. Voir p. 38, n. 12.

● **L'action** — Ne vous laissez pas tromper par l'indication : sc. 3. Au théâtre, il n'y a aucune coupure entre les v. 229-234 et les v. 235 et suivants. La suite des idées vous sera incompréhensible si vous ne rattachez pas très strictement les seconds aux premiers.

① Pourquoi Camille est-elle si étonnée de voir Curiace? Pourquoi n'en croit-elle pas ses yeux (v. 234). Pourquoi la présence de Curiace en tenue de guerre est-elle, effectivement, invraisemblable?

② Pourquoi Curiace ne donne-t-il pas tout de suite l'explication nécessaire (elle ne sera donnée qu'à partir du v. 331)? A quoi tient-il à répondre tout de suite?

● **Les caractères** — D'après tout ce que la pièce nous apprendra du caractère de Curiace, il est absolument impensable qu'il ait déserté. Pourtant CAMILLE le croit tout de suite. Connaît-elle bien Curiace? Juge-t-elle la désertion comme un crime? A-t-elle besoin d'estimer Curiace pour l'aimer?

③ CURIACE lui-même, tout en appelant les choses par leur nom (observez comment le mot important du v. 261 est mis en relief), reproche-t-il à Camille de l'avoir cru déserteur? et d'avoir admis cette désertion? Vous direz ce que vous pensez de leurs relations réciproques.

● **Les thèses**
④ Comment vous expliquez-vous les vers 255 et 256? La désertion d'un Albain n'est-elle pas un avantage pour Rome?
Pour répondre, faites la distinction nécessaire entre ce qu'on appelle aujourd'hui les guerres idéologiques (où les combattants, de religions ou de doctrines différentes, se méprisent, se haïssent) et les guerres d'ambition (où les combattants s'estiment mutuellement, réservant leur mépris aux « embusqués » ou aux « civils »).

⑤ Que vous révèlent les craintes de Camille, et le fait que le Vieil Horace, si patriote, ait accordé sa fille à Curiace, non à Valère? Consultez les indications données par Corneille dans la liste des personnages (p. 30; voyez aussi la n. 1).

CURIACE. — L'aurait-on jamais cru ? Déjà les deux armées,
280 D'une égale chaleur au combat animées,
Se menaçaient des yeux et, marchant fièrement,
N'attendaient, pour donner [1], que le commandement,
Quand notre dictateur [2] devant les rangs s'avance,
Demande à votre prince [3] un moment de silence,
285 Et l'ayant obtenu : « Que faisons-nous, Romains,
Dit-il, et quel démon nous fait venir aux mains ?
Souffrons que la raison éclaire enfin nos âmes :
Nous sommes vos voisins, nos filles sont vos femmes,
Et l'hymen nous a joints par tant et tant de nœuds
290 Qu'il est peu de nos fils qui ne soient vos neveux.
Nous ne sommes qu'un sang et qu'un peuple en deux villes
Pourquoi nous déchirer par des guerres civiles,
Où [4] la mort des vaincus affaiblit les vainqueurs,
Et le plus beau triomphe est arrosé de pleurs ?
295 Nos ennemis communs attendent avec joie
Qu'un des partis défait leur donne l'autre en proie,
Lassé, demi-rompu, vainqueur [5] mais, pour tout fruit,
Dénué d'un secours par lui-même détruit [6].
Ils ont assez longtemps joui de nos divorces ;
300 Contre eux dorénavant joignons toutes nos forces,
Et noyons dans l'oubli ces petits différends
Qui de si bons guerriers font de mauvais parents.
Que si l'ambition de commander aux autres
Fait marcher aujourd'hui vos troupes et les nôtres,
305 Pourvu qu'à moins de sang nous voulions l'apaiser,
Elle nous unira, loin de nous diviser.
Nommons des combattants pour la cause commune.
Que chaque peuple aux siens attache sa fortune ;
Et, suivant ce que d'eux ordonnera le sort,
310 Que le faible parti prenne loi du plus fort [7] ;
Mais sans indignité pour des guerriers si braves,
Qu'ils deviennent sujets sans devenir esclaves,
Sans honte, sans tribut, et sans autre rigueur
Que de suivre en tous lieux les drapeaux du vainqueur.

---

1. S'élancer, charger. — 2. Magistrat muni des pleins pouvoirs mais pour une mission déterminée, et dont il devait rendre compte. Le mot n'a donc aucun sens péjoratif. C'est plus tard, lorsqu'un certain nombre de dictateurs eurent exercé le pouvoir sans aucun contrôle, que le mot *dictateur* prit le sens moderne de : tyran. — 3. Le roi des Romains : Tulle. — 4. Dans lesquelles ; *où* introduit les deux relatives coordonnées, le relatif étant sous-entendu dans la seconde. — 5. Attention au sens : les quatre appositions *lassé* (épuisé), *demi-rompu, vainqueur, dénué* n'ont pas du tout la même valeur ; il faut s'arrêter avant *vainqueur* et donner à ce mot un sens concessif : quoique vainqueur. — 6. Privé du secours qu'il aurait pu trouver chez celui qu'il vient de détruire lui-même. — 7. Première version : « Que le parti plus faible obéisse au plus fort. » On emploie aujourd'hui le superlatif, même lorsqu'il n'est question que de deux termes.

315 Ainsi nos deux États ne feront qu'un empire. »
Il semble qu'à ces mots notre discorde expire.
Chacun, jetant les yeux dans un rang ennemi,
Reconnaît un beau-frère, un cousin, un ami;
Ils s'étonnent [1] comment leurs mains, de sang avides,
320 Volaient, sans y penser, à tant de parricides [2],
Et font paraître un front couvert tout à la fois
D'horreur pour la bataille et d'ardeur pour ce choix.

---

1. Sens très fort : ils sont stupéfaits de constater. — 2. Au sens précis : meurtres d'un père; au sens large : meurtres de parents, crimes contre la patrie.

● **Le rythme** — Le récit de Curiace est un des morceaux préférés de tous les comédiens français, car le rythme épouse le sens. Notez, dans la première phrase par exemple :
— d'abord la montée qui semble irrésistible des deux armées, rendue plus frappante encore par la succession des quatre anapestes du vers 280 : ‿‿ ⊥ ‿‿ ⊥ ‿‿ ⊥ ‿‿ T (l'acteur est obligé d'accentuer les troisième, sixième, neuvième et douzième syllabes);
— puis l'arrêt des armées, mais provisoire, tout d'élan contenu (v. 282);
— arrêt dont profite pourtant le dictateur albain : Corneille fait tourner la phrase sur le *quand* du vers 283, après lequel le comédien doit s'arrêter une fraction de seconde, pour continuer ensuite la phrase avec une grande autorité, imposant finalement le silence et le calme symbolisés par les coupes du vers 285.
① Étudiez, dans tout le discours, la correspondance du sens et du rythme.
● **L'éloquence dramatique** — Le discours du dictateur albain est admirablement composé; il émeut autant qu'il convainc, et il est toujours actuel.
— Exorde (v. 285-286) : nous ne sommes plus maîtres de nous; réfléchissons encore une fois avant l'irréparable. Les mots essentiels sont en fin d'hémistiche : *démon* (force mauvaise), *raison*.
— Première partie : la guerre entre nous est criminelle et absurde.
a. C'est une guerre entre parents, une guerre « civile » (v. 288-291).
La répétition et l'enchevêtrement des pronoms de la première et de la deuxième personne expriment la complexité des liens entre les familles des deux pays; le mot *civiles* est mis en relief à la fin du v. 292 par l'*e* muet qui précède, qu'il ne faut presque pas prononcer, mais remplacer, dans la mesure du vers, par un soupir.
b. La guerre affaiblit non seulement les vaincus, mais les vainqueurs (v. 292-294). ② Cherchez des exemples historiques pour illustrer cette idée.
c. Nos ennemis communs attendent que nous nous soyons détruits mutuellement (v. 295-298). ⑧ Cherchez des exemples historiques pour illustrer cette idée.
Conclusion de la première partie (v. 299-302) : unissons-nous contre eux.
④ Vous étudierez de même la construction de la seconde partie.
⑤ Montrez, d'après les vers 319-320, à quel point l'exorde du dictateur albain était juste.

              Enfin l'offre s'accepte [1], et la paix désirée
              Sous ces conditions est aussitôt jurée :
325   Trois combattront pour tous; mais pour les mieux choisir,
              Nos chefs ont voulu prendre un peu plus de loisir :
              Le vôtre est au sénat, le nôtre dans sa tente.

CAMILLE. — Ô Dieux, que ce discours rend mon âme contente [2]

CURIACE. — Dans deux heures au plus, par un commun accord,
330   Le sort de nos guerriers réglera notre sort.
              Cependant tout est libre, attendant qu'on les nomme [3] :
              Rome est dans notre camp, et notre camp dans Rome ;
              D'un et d'autre côté l'accès étant permis,
              Chacun va renouer avec ses vieux amis.
335   Pour moi, ma passion m'a fait suivre vos frères;
              Et mes désirs ont eu des succès si prospères [4]
              Que l'auteur de vos jours m'a promis à demain
              Le bonheur sans pareil de vous donner la main.
              Vous ne deviendrez pas rebelle à sa puissance ?

CAMILLE. — 340 Le devoir d'une fille est dans l'obéissance.

CURIACE. — Venez donc recevoir ce doux commandement,
              Qui doit mettre le comble à mon contentement.

CAMILLE. — Je vais suivre vos pas, mais pour revoir mes frères
              Et savoir d'eux encor [5] la fin de nos misères.

JULIE. — 345 Allez, et cependant [6] au pied de nos autels
              J'irai rendre pour vous grâces aux Immortels.

---

1. Est accepté : le pronominal est employé pour le passif. — 2. Sens fort : l'âme a tout son *contenu* de bonheur. — 3. Les troupes ont « quartier libre » en attendant qu'on nomme les combattants. — 4. Mes désirs ont obtenu des résultats si heureux. — 5. L'*e* d'*encore* est supprimée par licence poétique; la voyelle muette ne pourrait s'élider, en effet, puisque le mot suivant *(la)* commence par une consonne. — 6. Pendant ce (temps).

SABINE. — *Je suis Romaine, hélas! puisqu'Horace est Romain;*
j'en ai reçu le titre en recevant sa main;

(I, 1, v. 25-26)

Christine Fersen (SABINE) et Claude Winter (JULIE)
Comédie-Française 1971

Horace. — *Si vous n'êtes Romain,
soyez digne de l'être;*
(II, 3, v. 483)

Jean-Luc Boutté (CURIACE) et
François Beaulieu (HORACE)

Curiace. — *Plus je suis votre
amant, moins je suis Curiace.*
(II, 5, v. 584)

Ludmila Mikael (CAMILLE) et
Jean-Luc Boutté (CURIACE)
Comédie-Française 1971

2 Ph. © Bernand - Photeb/T.

ACTE II

Scène première. — HORACE, CURIACE.

CURIACE. — Ainsi Rome n'a point séparé [1] son estime;
Elle eût cru faire ailleurs un choix illégitime :
Cette superbe [2] ville en vos frères et vous
350 Trouve les trois guerriers qu'elle préfère à tous;
Et son illustre ardeur d'oser plus que les autres,
D'une seule maison brave toutes les nôtres :
Nous croirons, à la voir tout entière en vos mains,
Que hors les fils d'Horace, il n'est point de Romains.
355 Ce choix pouvait [3] combler trois familles de gloire,
Consacrer hautement leurs noms à la mémoire :
Oui, l'honneur que reçoit la vôtre par ce choix
En pouvait à bon titre immortaliser trois;
Et puisque c'est chez vous que mon heur [4] et ma flamme
360 M'ont fait placer ma sœur et choisir une femme,
Ce que je vais vous être et ce que je vous suis [5]
Me font y prendre part autant que je le puis;
Mais un autre intérêt [6] tient ma joie en contrainte,
Et parmi ses douceurs mêle beaucoup de crainte :
365 La guerre en tel éclat a mis votre valeur
Que je tremble pour Albe et prévois son malheur :
Puisque vous combattez, sa perte est assurée;
En vous faisant nommer, le destin l'a jurée.
Je vois trop dans le choix ses funestes [7] projets,
370 Et me compte déjà pour un de vos sujets.

HORACE. — Loin de trembler pour Albe, il vous faut plaindre Rome,
Voyant ceux qu'elle oublie et les trois qu'elle nomme [8].
C'est un aveuglement pour elle bien fatal
D'avoir tant à choisir, et de choisir si mal.
375 Mille de ses enfants beaucoup plus dignes d'elle
Pouvaient [9] bien mieux que nous soutenir sa querelle [10];

---

1. Partagé (entre plusieurs familles). — 2. Orgueilleuse. Cf. *la superbe* de quelqu'un.
— 3. Aurait pu. Au XVIIe siècle, avec les verbes marquant la possibilité, l'obligation, la nécessité, on employait (logiquement) l'indicatif alors que nous employons le conditionnel. — 4. Bonheur : voir le v. 58. — 5. *Ce que je vais vous être*, c'est-à-dire votre beau-frère, le mari de votre sœur Camille; *ce que je vous suis*, c'est-à-dire votre beau-frère, le frère de votre femme Sabine. — 6. Une autre préoccupation. — 7. Voir le v. 213. — 8. Première version : « Vu ceux qu'elle rejette et les trois qu'elle nomme. » — 9. Voir la note 3. — 10. Sa cause, ses intérêts.

Mais quoique ce combat me promette un cercueil,
La gloire de ce choix m'enfle d'un juste orgueil;
Mon esprit en conçoit une mâle assurance;
380 J'ose espérer beaucoup de mon peu de vaillance;
Et du sort envieux quels que soient les projets,
Je ne me compte point pour un de vos sujets.
Rome a trop cru de moi[1], mais mon âme ravie
Remplira son attente ou quittera la vie.
385 Qui veut mourir ou vaincre est vaincu rarement :
Ce noble désespoir périt malaisément.
Rome, quoi qu'il en soit, ne sera point sujette,
Que[2] mes derniers soupirs n'assurent ma défaite.

CURIACE. — Hélas! c'est bien ici[3] que je dois être plaint.
390 Ce que veut mon pays, mon amitié le craint.
Dures extrémités de voir Albe asservie,
Ou sa victoire au prix d'une si chère vie,
Et que l'unique bien où tendent ses désirs
S'achève seulement par vos derniers soupirs[4]!
395 Quels vœux puis-je former, et quel bonheur attendre?
De tous les deux côtés[5] j'ai des pleurs à répandre;
De tous les deux côtés mes désirs sont trahis.

HORACE. — Quoi! vous me pleureriez mourant pour mon pays!
Pour un cœur généreux[6] ce trépas a des charmes;
400 La gloire qui le suit ne souffre point de larmes,
Et je la recevrais en bénissant mon sort,
Si Rome et tout l'État perdaient moins en ma mort[7].

CURIACE. — A vos amis pourtant permettez de le craindre;
Dans un si beau trépas ils sont les seuls à plaindre :
405 La gloire en est pour vous, et la perte pour eux;
Il vous fait immortel, et les rend malheureux;
On perd tout quand on perd un ami si fidèle.
Mais Flavian m'apporte ici quelque nouvelle.

---

1. A trop attendu de ma valeur. — 2. Sans que. — 3. En cela. — 4. La phrase est d'une construction très libre, dissymétrique. — 5. *Tous les deux* pouvait s'employer, au XVIIe s., devant un nom; Corneille le fait ici d'autant plus volontiers que ce pléonasme renforce l'expression. Nous l'avons déjà observé à propos du v. 104 (I, 1, réplique de Julie). — 6. Noble, bien né; littéralement : « de race ». L'adjectif est formé sur le mot latin *genus, generis*. — 7. Variante : « Si Rome et tout l'État perdaient moins *à* ma mort. »

▪▪▪

● **Crescendo dramatique**
① Que s'est-il passé entre le premier et le deuxième acte?
② Corneille ne nous fait pas connaître les champions d'Albe en même temps que ceux de Rome. Pourquoi? Est-ce vraisemblable? Répondez en vous appuyant sur le vers 327.
③ Quel est l'intérêt psychologique et dramatique de ce délai?

● **Crescendo psychologique** — Les caractères ne s'opposent pas tout de suite, comme souvent dans les conversations délicates. Mais le ton va « monter » constamment, en même temps que la tension dramatique, et cela jusqu'à la scène 5.
④ Montrez-le.
⑤ Distinguez, dans les paroles de Curiace et dans celles d'Horace :
a. les phrases de politesse et de fausse modestie;
b. celles qui expriment des sentiments réels.
Il y a même des vers tout à fait contradictoires dans la tirade d'Horace (v. 371-388) : lesquels?
⑥ Montrez que les personnages s'affirment peu à peu, en parlant. Opposez le *crescendo* de la crainte chez Curiace et le *crescendo* de l'assurance chez Horace. Que nous révèlent, sur les deux caractères, leurs conceptions différentes du *destin* et du *sort*?

● **L'art cornélien**
> *Qui veut mourir ou vaincre est vaincu rarement.*

Essayez d'expliquer pourquoi ce vers est un vers cornélien typique. Montrez, par des exemples, que ce qui fait la force de l'affirmation morale, ici, c'est sa vérité absolue, fondée sur la psychologie et l'expérience. Cherchez d'autres « vers-maximes » dans l'œuvre de Corneille.
⑦ Expliquez pourquoi ceux qui combattent « avec l'énergie du désespoir » sont *rarement* vaincus (v. 385).
⑧ Comparez, pour ce qui est du ton et du style, le vers maxime de Corneille avec d'autres formulations caractéristiques d'une idée analogue :
« Ne dites jamais *Je suis mort* avant d'être mort. » (Baden-Powell.)
« Ne pas s'avouer vaincu est un des secrets de la victoire. » (Foch.)

● **L'impasse tragique**
« Ce qui me semble vraiment tragique, écrit Ferdinand Brunetière, c'est d'être comme enfermé dans une impasse dont on ne peut absolument sortir que par un effort exceptionnel de volonté. Et, lorsque cet effort exige de nous le sacrifice de quelque chose qui nous est plus cher que la vie — devoir, honneur, amour —, c'est alors que la tragédie, en atteignant l'excès du pathétique, touche en même temps le fond de sa définition. »
⑨ Discutez ces deux définitions, celle du tragique, celle de la tragédie. Conviendraient-elles au théâtre de Racine, par exemple?

▪▪▪

Scène II. — HORACE, CURIACE, FLAVIAN.

CURIACE. — Albe de trois guerriers a-t-elle fait le choix ?

FLAVIAN. —[410] Je viens pour vous l'apprendre.

CURIACE. —   Eh bien, qui sont les trois ?

FLAVIAN. — Vos deux frères et vous.

CURIACE. —   Qui ?

FLAVIAN. —   Vous et vos deux frères.
Mais pourquoi ce front triste et ces regards sévères [1] ?
Ce choix vous déplaît-il ?

CURIACE. —   Non, mais il me surprend :
Je m'estimais trop peu pour un honneur si grand.

FLAVIAN. —[415] Dirai-je au dictateur, dont l'ordre ici m'envoie [2],
Que vous le recevez avec si peu de joie ?
Ce morne et froid accueil me surprend à **mon tour**.

CURIACE. — Dis-lui que l'amitié, l'alliance et l'amour
Ne pourront empêcher que les trois Curiaces
[420] Ne servent leur pays contre les trois Horaces.

FLAVIAN. — Contre eux ! Ah ! c'est beaucoup me dire en peu de mots.

CURIACE. — Porte-lui ma réponse, et nous [3] laisse en repos.

Scène III. — HORACE, CURIACE.

CURIACE. — Que désormais le Ciel, les enfers et la terre
Unissent leurs fureurs à nous faire la guerre;
[425] Que les hommes, les Dieux, les démons et le **sort**
Préparent contre nous un général effort [4] !
Je mets à faire pis [5], en l'état où nous sommes,
Le sort, et les démons, et les Dieux, et les hommes.
Ce qu'ils ont de cruel, et d'horrible et d'affreux,
[430] L'est bien moins que l'honneur qu'on nous fait à tous deux.

---

1. Il y a ici un procédé scénique pour appeler l'attention du spectateur sur l'acteur qui écoute et non sur celui qui parle. — 2. Première version : « Dirai-je au dictateur, qui devers vous m'envoie... » Corneille a corrigé ce vers, non seulement pour remplacer une préposition *(devers)* vieillie et qui sera *(Remarques sur la langue française,* 1647) condamnée par Vaugelas, mais surtout pour que Flavian puisse rappeler à Curiace que c'est un ordre qu'il vient de lui transmettre, et qu'il s'étonne de la façon dont cet ordre est accueilli. — 3. Laisse-nous : le pronom personnel précède normalement, au XVIIe s., un second impératif. — 4. Une tentative où ils mettront tous toutes leurs forces. — 5. Je mets au défi de faire pis.

● **La mise en scène au service du sens** — Corneille désire, comme Aristote, que la tragédie soit capable de plaire sans le secours des comédiens. Mais cela sous-entend évidemment, comme l'indique Jean Vilar (*Opéra*, 6 juin 1946), « que pour Corneille les belles pièces ne sont pas seulement faites pour être lues et que la scène, mon Dieu, est encore le lieu idéal pour juger de la qualité d'une œuvre dramatique ».

A défaut de représentation, la « séquence » ci-contre sans aucune solution de continuité malgré la séparation en trois scènes, exige que vous la « voyiez » en même temps que vous la lisez, que vous en imaginiez vous-même l'interprétation :

v. 409. Curiace est simplement curieux de savoir quels sont les trois représentants de son pays.

v. 410. Flavian différant la réponse, pour l'annoncer sans doute avec plus de solennité, Curiace s'impatiente : il pressent peut-être déjà la vérité.

v. 411. Le metteur en scène doit imposer un premier silence après *Vos deux frères et vous*. Curiace littéralement n'en croit pas ses oreilles, il ne *veut* pas en croire ses oreilles, d'où sa question... Et il y a un deuxième silence, lourd, sinistre, après la confirmation par Flavian : Curiace est atterré, et cela se voit. Flavian s'étonne.

v. 413 et 414. Curiace s'efforce de faire bonne contenance, mais ses deux phrases sont hachées, — sincères assurément, mais destinées surtout à cacher et expliquer son trouble.

v. 415-417. Flavian, cette fois, juge Curiace, et sa question est un reproche; il détache la relative *dont l'ordre ici m'envoie* : ce n'est pas une simple proposition qui vous est faite, indique-t-il nettement, c'est un *ordre* qui vous est donné.

v. 418-420. Après un nouveau et très bref silence, Curiace, dans un effort sur lui-même tellement intense que tous les spectateurs doivent le ressentir, « se ramasse sur lui-même » en quelque sorte, il donne presque l'impression de serrer les dents, tout en parlant; et il martèle sa décision, pour Flavian et pour lui, avec désespoir, dans une phrase durement scandée, qui rappelle tous les obstacles pour mieux faire sentir la puissance de la volonté.

v. 422. Flavian, qui arrivait directement du camp albain et ignorait le choix de Rome, comprend, s'étonne, voudrait parler. Curiace le renvoie presque brutalement. Il veut rester seul ou tout au moins n'avoir d'autre témoin que son ami Horace (ce qui montre à quel point leur amitié est profonde). Il veut pouvoir se libérer, après l'effort extrême qu'il vient de fournir, et effectivement, dès que Flavian a tourné les talons, — il éclate en une fureur désespérée, contre tout et contre tous, il *vomit* des *blasphèmes* littéralement (expression de Camille au v. 180).

● **Les caractères**

① Que vous indique cette dernière attitude sur le caractère de Curiace? Est-elle habituelle chez lui? Revoyez, à ce propos, non seulement le v. 180, mais les v. 368 et 370.

② Que pensez-vous des personnages qui accusent trop volontiers le Ciel ou le sort? Comparez Curiace, sur ce point, à d'autres personnages de notre littérature.

HORACE. — Le sort qui de l'honneur nous ouvre la barrière
    Offre à notre constance¹ une illustre matière;
    Il épuise sa force à former un malheur
    Pour mieux se mesurer avec notre valeur²;
⁴³⁵ Et comme il voit en nous des âmes peu communes,
    Hors de l'ordre commun il nous fait des fortunes³.
    Combattre un ennemi pour le salut de tous,
    Et contre un inconnu s'exposer seul aux coups,
    D'une simple vertu c'est l'effet ordinaire :
⁴⁴⁰ Mille déjà l'ont fait, mille pourraient le faire;
    Mourir pour le pays est un si digne sort
    Qu'on briguerait⁴ en foule une si belle mort;
    Mais vouloir au public⁵ immoler ce qu'on aime,
    S'attacher au combat contre un autre soi-même,
⁴⁴⁵ Attaquer un parti qui prend pour défenseur
    Le frère d'une femme et l'amant d'une sœur,
    Et, rompant tous ces nœuds, s'armer pour la patrie
    Contre un sang qu'on voudrait racheter de sa vie,
    Une telle vertu n'appartenait qu'à nous;
⁴⁵⁰ L'éclat de son grand nom lui fait peu de jaloux,

---

1. Force d'âme. — 2. Noter les allitérations f(orce), f(ormer), m(alheur), m(ieux), m(esurer) qui soulignent les affirmations d'Horace. — 3. Il nous offre des circonstances, des situations, des occasions : c'est ce dernier mot que Curiace utilisera au v. 454. — 4. Qu'on rechercherait. — 5. Au bien public, à la chose publique, à l'État.

- **La Vertu** — Le mot *vertu*, véritable *leit-motiv* de cette tirade, et de toute la scène (v. 439, 449, 455, 480, 485, 504), n'avait pas, au XVIIᵉ siècle, le sens exclusivement moral qu'il a aujourd'hui. On y sentait davantage la racine latine *vir* : l'homme, le guerrier, le héros. La vertu, c'est avant tout la valeur virile, l'énergie humaine, la volonté de puissance sur soi.
- **L'art du dialogue** — Toute la scène 3 est extrêmement tendue. Observez cependant comment chaque personnage, avant d'exposer sa pensée, répond d'abord à son partenaire sur le terrain de son partenaire, du point de vue de son partenaire (même pour le contredire). Cela est marqué jusque dans la typographie : les v. 437, 461, 485 commencent un peu en retrait.
- **Les caractères** — Dans cette tirade, Curiace ayant maudit le sort, HORACE répond au sujet du sort. En fait, *le sort*, le destin, les dieux sont hors de ses préoccupations habituelles, le reste de la pièce nous le prouve. Il se montre aussi peu superstitieux que possible. Ce qui l'intéresse uniquement, c'est ce que l'homme est capable de faire de lui-même dans des circonstances difficiles.
- ① « Corneille n'admet guère, au fond, une Providence conduisant les actions humaines en vue d'un plan éternel. Il est nécessaire à la tragédie de Corneille que les personnages soient enfermés dans le champ de la

vie présente, que dans leurs luttes ils ne puissent en appeler qu'à eux-mêmes, qu'ils portent dans leur cœur leur paradis qui est l'approbation qu'ils se donnent. » (P. Desjardins, *Corneille*, p. 27.)

② Horace a-t-il du cœur, au sens moderne du mot, est-il sensible? Avant de répondre relisez les v. 443-448. Comment appelle-t-il son ami [1] ? Croyez-vous qu'Horace hésiterait, s'il en avait l'occasion, à donner sa vie pour Curiace?

Remarquez qu'il dit constamment *nous*; il pense, il espère que Curiace réagira comme lui. Tout ce qu'il affirme est valable, croit-il, pour eux deux.

③ La *gloire*, la *vertu* d'Horace. Quel est le mot important du v. 452? Non seulement Horace accepte ce combat fratricide mais il le souhaite; pourquoi? Est-ce pour la *renommée* (v. 452), c'est-à-dire la gloire à l'égard des autres? Qu'est-ce qui l'exalte d'abord?

● **Les thèses** — Comparez la conception de l'héroïsme cornélien avec celles de Descartes et de Nietzsche :

Selon DESCARTES, la « vraie générosité qui fait qu'un homme s'estime au plus haut point qu'il se peut légitimement estimer consiste seulement en partie en ce qu'il connaît qu'il n'y a rien qui véritablement lui appartienne que cette libre disposition de ses volontés, et partie en ce qu'il sent en soi-même une ferme et constante résolution d'en bien user, c'est-à-dire de ne manquer jamais de volonté pour entreprendre et exécuter les choses qu'il jugera être les meilleures : ce qui est suivre parfaitement la vertu [...] [...] Il en reçoit une satisfaction si puissante pour le rendre heureux que les plus violents efforts des passions n'ont jamais assez de pouvoir pour troubler la tranquillité de son âme [...] Je ne remarque en nous qu'une seule chose qui nous puisse donner juste raison de nous estimer, à savoir l'usage de notre libre arbitre, et l'empire que nous avons sur nos volontés. »

Selon NIETZSCHE, « tout grand danger provoque notre curiosité pour ce qui concerne la mesure de notre force, de notre courage ». La beauté morale réside dans l'épanouissement de l'individu : « il faut savoir sculpter sa propre statue ». Les prédicateurs de vertu « enseignent la vertu comme un idéal pour tous; ils enlèvent à la vertu le charme de ce qui est rare, inimitable, exceptionnel et hors de la moyenne, sa magie aristocratique ». Ainsi la vertu nietzschéenne rappelle la *virtù* des condottieri de la Renaissance : « Cette vertu est du même ordre que la passion et peu accessible à la raison », dit encore Nietzsche.

● **Le style et le rythme** — Les v. 437-452 forment ce qu'on appelle, en rhétorique, une période; elle est construite presque tout entière avec des infinitifs sujets. Cependant, elle n'est aucunement monotone, car le rythme en est varié. En particulier, la voix doit s'abaisser pour évoquer avec tendresse *ce qu'on aime* (v. 443), *un autre soi-même* (v. 444), *le frère d'une femme et l'amant d'une sœur* (v. 446); puis se durcir violemment avec le *r* de *rompant tous ses nœuds* (v. 447): il faut qu'on voie Horace briser tout ce qu'il aime ; s'abaisser de nouveau au vers suivant qui évoque le sacrifice; et s'exalter enfin dans la joie de l'orgueil pour les quatre derniers vers, le dernier surtout, le plus scandaleux.

---

1. Le poète latin Horace appelait son ami Virgile presque de la même façon : *animae dimidium meae*, la moitié de mon cœur, la moitié de ma vie.

Et peu d'hommes au cœur l'ont assez imprimée
Pour oser aspirer à tant de renommée.

CURIACE. — Il est vrai que nos noms ne sauraient plus périr.
L'occasion est belle, il nous la [1] faut chérir.
455 Nous serons les miroirs [2] d'une vertu bien rare;
Mais votre fermeté tient un peu du barbare [3] :
Peu, même des grands cœurs, tireraient vanité
D'aller par ce chemin à l'immortalité.
A quelque prix qu'on mette une telle fumée,
460 L'obscurité vaut mieux que tant de renommée.
     Pour moi, je l'ose dire, et vous l'avez pu voir [4],
Je n'ai point consulté [5] pour suivre mon devoir;
Notre longue amitié, l'amour, ni l'alliance [6],
N'ont pu mettre un moment mon esprit en balance;
465 Et puisque par ce choix Albe montre en effet
Qu'elle m'estime autant que Rome vous a fait [7],
Je crois faire pour elle autant que vous pour Rome;
J'ai le cœur aussi bon [8], mais enfin je suis homme :
Je vois que votre honneur demande tout mon sang,
470 Que tout le mien consiste à vous percer le flanc,
Près d'épouser la sœur, qu'il faut tuer le frère,
Et que pour mon pays j'ai le sort si contraire [9].
Encor qu'à mon devoir je coure sans terreur,
Mon cœur s'en effarouche, et j'en frémis d'horreur;
475 J'ai pitié de moi-même et jette un œil d'envie
Sur ceux dont notre guerre a consumé la vie,
Sans souhait toutefois de pouvoir reculer.
Ce triste et fier honneur m'émeut sans m'ébranler :
J'aime ce qu'il me donne, et je plains [10] ce qu'il m'ôte;
480 Et si Rome demande une vertu plus haute,
Je rends grâces aux Dieux de n'être pas Romain,
Pour conserver encor quelque chose d'humain.

---

1. Voir p. 42, n. 6. — 2. La représentation exacte, l'exemple parfait. — 3. Y a-t-il une litote, ici ? Cette figure de rhétorique consiste à atténuer volontairement l'expression de la pensée pour faire entendre le plus en disant le moins. Lorsque Chimène dit à Rodrigue : « Va, je ne te hais point », elle lui avoue, en fait, qu'elle l'aime toujours. — 4. Voir p. 42, n. 6. — 5. Sens intransitif : délibéré. — 6. Reprise volontaire des trois termes employés par Curiace au v. 418. — 7. Que Rome vous a estimé. Le verbe *faire* est très souvent employé, au XVIIe s., pour éviter la répétition d'un premier verbe. — 8. Noble : voir le v. 615. Noter que la coupure essentielle de la tirade est au milieu de ce vers. — 9. On attendrait aujourd'hui que la phrase continue par une consécutive. Mais Curiace, en fait, n'a aucun besoin de préciser. Donner à *si contraire* un sens exclamatif. — 10. Je déplore.

●●●

●**Le rythme, expression du sens** — Plusieurs fois, dans cette tirade, Corneille utilise l'*e* muet dans la mesure du vers pour détacher un mot de la façon la plus expressive. Aux v. 455 *(une vertu)*, 456 *(votre fermeté)*, 459 *(telle fumée)*, 480 *(une vertu)*, il n'est pas concevable de prononcer véritablement cet *e* muet devant *vertu, fermeté, fumée, vertu*, — mais la nécessité où est l'acteur de le remplacer par ce qu'on appelle en musique un « soupir » détache le mot suivant, le met littéralement entre guillemets :

v. 456. *Mais votre*(e) *fermeté* : ce que vous appelez *fermeté*, moi je l'appelle d'un autre nom : barbarie.

v. 480. *Et si Rome demande un*(e) *vertu plus haute* : ce qu'elle considère, elle, comme une vertu plus haute...

v. 459. Le mot *fumée*, à la rime après l'*e* muet, est littéralement rejeté du vers par le mépris de Curiace. Et c'est au nom de cette fumée, de ce rien qu'Horace aspire au massacre fratricide! Les huit premiers vers doivent être dits avec une ironie amère, désespérée : Curiace ne reconnaît plus son ami.

● **Les deux devoirs de Curiace** — Par deux fois, Curiace emploie le mot *devoir* (v. 462 et 473), et les deux fois ce mot a le même sens pour lui : l'acceptation du choix albain; il n'en conçoit, il n'en concevra pas d'autre.

Mais pourquoi conserve-t-il des sentiments qui vont lui nuire, qui le feront combattre « la mort dans l'âme », c'est-à-dire dans un état d'infériorité? Est-ce par faiblesse, par impuissance à rien sacrifier de lui-même (comparez le v. 480 et les v. 268-270)?

— Oui, en partie, mais en partie seulement. Il est fier de cette faiblesse, car au fond de lui, confusément, il pressent l'existence d'une obligation plus impérieuse encore que le devoir d'obéissance à Albe, une obligation essentielle : un homme doit rester humain, dans quelque situation que ce soit, sinon il cesse d'être un homme, il se ravale au niveau de la brute, comme Horace. Cela, Curiace ne l'accepte à aucun prix.

— Mais, si Curiace tient à demeurer humain dans ses sentiments, en pratique il est bien décidé à faire exactement les mêmes actes qu'Horace.

① Que pensez-vous d'une telle attitude? Est-elle logique? réaliste? Quelles conséquences entraînera-t-elle nécessairement?

② Comparez la morale « humaine », encore assez confuse de Curiace, guerrier d'une cité antique, avec la hiérarchie des devoirs telle que l'a notée dans ses *Carnets* (d'une façon très nuancée, et sur un thème d'ailleurs un peu différent), Montesquieu, philosophe français du XVIIIᵉ s. :

« Si je savais quelque chose qui me fût utile et qui fût préjudiciable à ma famille, je le rejetterais de mon esprit.

» Si je savais quelque chose qui fût utile à ma famille et qui ne le fût pas à ma patrie, je chercherais à l'oublier.

» Si je savais quelque chose qui fût utile à ma patrie et qui fût préjudiciable à l'Europe et au genre humain, je le regarderais comme un crime. »

●●●

HORACE. — Si vous n'êtes Romain, soyez digne de l'être;
Et si vous m'égalez, faites-le mieux paraître.
485   La solide vertu [1] dont je fais vanité [2]
N'admet point de faiblesse avec sa fermeté [3];
Et c'est mal de l'honneur [4] entrer dans la carrière
Que dès le premier pas regarder en arrière.
Notre malheur est grand; il est au plus haut point;
490 Je l'envisage entier, mais je n'en frémis [5] point :
Contre qui que ce soit que mon pays m'emploie,
J'accepte aveuglément cette gloire avec joie;
Celle de recevoir de tels commandements
Doit étouffer en nous tous autres sentiments.
495 Qui, près de le servir, considère autre chose,
A faire ce qu'il doit lâchement se dispose;
Ce droit saint et sacré rompt tout autre lien.
Rome a choisi mon bras, je n'examine rien :
Avec une allégresse aussi pleine et sincère
500 Que j'épousai la sœur, je combattrai le frère;
Et, pour trancher enfin ces discours superflus,
Albe vous a nommé, je ne vous connais plus.

CURIACE. — Je vous connais encore, et c'est ce qui me tue;
Mais cette âpre vertu ne m'était pas connue;
505 Comme notre malheur elle est au plus haut point :
Souffrez que je l'admire et ne l'imite point.

HORACE. — Non, non, n'embrassez pas de vertu par contrainte;
Et puisque vous trouvez plus de charme à la plainte,
En toute liberté goûtez un bien si doux :
510 Voici venir ma sœur pour se plaindre avec vous.
Je vais revoir la vôtre et résoudre son âme
A se bien souvenir qu'elle est toujours ma femme,
A vous aimer encore, si je meurs par vos mains,
Et prendre en son malheur des sentiments romains.

---

1. Horace oppose sa *vertu* à celle de Curiace (voir le v. 455). — 2. Dont je tire vanité, ou plutôt fierté. — 3. Second terme-écho : Curiace avait critiqué la *fermeté* d'Horace au v. 456. — 4. Troisième terme-écho : Curiace avait fait allusion à l'*honneur* d'Horace au v. 469. — 5. Quatrième terme-écho : *J'en frémis d'horreur* avait dit Curiace au v. 474, en pensant à son devoir. Chacun des deux hommes se définit par rapport à l'autre. Chacun donne à l'autre une leçon, à l'aide des mêmes termes mais employés dans un sens différent.

■■■

● **Le réalisme d'Horace** — Cette obligation, supérieure à toutes les autres, de rester *humain* (v. 482), Curiace la pressentait plutôt qu'il ne la concevait. Horace, lui, n'en a aucune idée. On dirait même qu'il n'a pas entendu les mots essentiels que Curiace vient de prononcer. Dans son attitude il n'a vu que de la faiblesse, et c'est sur ce point qu'il lui répond d'abord par une constatation de fait, par un argument réaliste (v. 487-488, 495-496) :

Pour bien faire quelque chose, il faut le faire de tout son cœur, de toutes ses forces, et par conséquent sans arrière-pensée, c'est une condition indispensable (voir le v. 385). Essayer de concilier en soi, comme le fait Curiace, des sentiments opposés aux actes qu'on se dispose à accomplir, c'est se condamner à les faire mal, c'est-à-dire à être lâche.

④ Commentez les vers qui expriment, sous des formes différentes, ce premier argument irréfutable. Commandent-ils nécessairement, à votre avis, la conclusion du v. 502?

● **Le fanatisme d'Horace** — Citez maintenant les vers qui expriment, avec une rigueur implacable, le second argument d'Horace, non plus réaliste cette fois, mais moral.

② Dégagez la raison pour laquelle Horace doit, estime-t-il, obéir *aveuglément* (v. 492), quel que soit l'ordre, sans rien examiner. Sur quoi est fondée cette obligation? Sur quoi sont fondées de même, dans l'histoire, les obligations d'attachement inconditionnel, d'obéissance absolue à une divinité, une nation, un parti, un homme? Essayez, d'après le texte de Corneille, de définir ce que l'on entend exactement par fanatisme.

⑧ Selon Gustave Lanson, Horace serait un « fanatique à froid »; partagez-vous cette opinion? N'oubliez pas les mots *joie* (v. 492) et *allégresse* (v. 499), employés par le personnage.

● **Les thèses** — Corneille, élève des Jésuites, a repris ici presque mot pour mot leurs règles d'obéissance, instituées par saint Ignace de Loyola (*Sommaire des Constitutions*, nᵒˢ 31 et suiv.) : tout Jésuite doit obéir à ses supérieurs (dont le plus élevé porte le titre de général) « *perinde ac cadaver* (tout ainsi que s'il était un corps mort, lequel se laisse tourner et retourner de tous côtés et manier de toutes façons), ou bien comme le bâton d'un vieillard, qui lui sert en tout et par tout où il en veut user... avec grande promptitude, allégresse spirituelle et persévérance, [se] persuadant que le tout est juste, et par une obéissance aveugle rejetant tout jugement contraire et propre opinion ». Cependant, si l'ordre reçu lui paraît impliquer évidemment un péché, il doit s'en remettre à l'avis de deux ou trois personnes compétentes.

— La doctrine de l'obéissance absolue a conduit à tant de crimes que plusieurs règlements militaires prévoient, aujourd'hui, le droit et le devoir de désobéir « lorsque l'illégitimité ou l'inhumanité d'un ordre est évidente pour tout homme raisonnable » (*Soldatengesetz* de la République Fédérale allemande).

Anatole France affirmait déjà en 1919 : « Il est beau pour un soldat de désobéir à un ordre criminel. »

● **Le mot de la fin :**
Albe vous a nommé, je ne vous connais plus. Une fois posé le principe de l'obéissance absolue à tout ordre de Rome, divinité infaillible dont les droits sacrés sont au-dessus de tout, une fois posée également la constatation que, pour bien se battre, il faut être parfaitement de sang-froid, la conclusion du v. 502 apparaît inéluctable.

Tout le mouvement de la tirade impose, semble-t-il, le ton de la *vertu farouche*, comme dit Corneille lui-même dans l'*Examen* de la pièce (voir p. 116, l. 34. Quelques acteurs cependant ont essayé de mettre, dans les derniers vers, une détermination résolue sans doute, mais en même temps une très grande tristesse : Albe vous a nommé, hélas, et nous devons nous battre; je n'ai plus le droit de vous connaître. C'était l'interprétation de l'acteur Baras, du vivant même de Corneille qui l'avait trouvée *nouvelle*, *ingénieuse* (c'est-à-dire inattendue).

④ Quelle interprétation choisissez-vous?

Scène IV. — HORACE, CURIACE, CAMILLE.

HORACE. —[515] Avez-vous su l'état qu'on fait de Curiace [1],
    Ma sœur ?
CAMILLE. —   Hélas ! mon sort a bien changé de face.
HORACE. — Armez-vous de constance [2] et montrez-vous ma sœur ;
    Et si par mon trépas il retourne vainqueur,
    Ne le recevez point en meurtrier d'un frère,
 [520] Mais en homme d'honneur qui fait ce qu'il doit faire,
    Qui sert bien son pays, et sait montrer à tous,
    Par sa haute vertu, qu'il est digne de vous.
    Comme si je vivais, achevez l'hyménée ;
    Mais si ce fer aussi tranche sa destinée,
 [525] Faites à ma victoire un pareil traitement :
    Ne me reprochez point la mort de votre amant.
    Vos larmes vont couler, et votre cœur se presse [3].
    Consumez avec lui toute cette faiblesse,
    Querellez [4] Ciel et terre, et maudissez le sort ;
 [530] Mais après le combat ne pensez plus au mort.
       (A Curiace.)
    Je ne vous laisserai qu'un moment avec elle,
    Puis nous irons ensemble où l'honneur nous appelle.

Scène V. — CURIACE, CAMILLE.

CAMILLE. — Iras-tu, Curiace [5], et ce funeste honneur
  · Te plaît-il aux dépens de tout notre bonheur ?

CURIACE. —[535] Hélas ! je vois trop bien qu'il faut, quoi que je fasse,
    Mourir, ou de douleur, ou de la main d'Horace.
    Je vais comme au supplice à cet illustre emploi,
    Je maudis mille fois l'état [6] qu'on fait de moi,
    Je hais cette valeur qui fait qu'Albe m'estime ;
 [540] Ma flamme au désespoir passe jusques au crime,
    Elle se prend au Ciel et l'ose quereller [7] ;
    Je vous plains, je me plains ; mais il y faut aller.

CAMILLE. — Non ; je te connais mieux, tu veux que je te prie [8]
    Et qu'ainsi mon pouvoir t'excuse à [9] ta patrie.
 [545] Tu n'es que trop fameux par tes autres exploits :

---

1. Le cas que l'on fait de Curiace. — 2. Fermeté, courage qui ne faiblit pas. — 3. S'oppresse : voir p. 40, n. 8. — 4. Accusez. — 5. Variante : « Iras-tu, ma chère âme, et ce funeste honneur »... Corneille a supprimé ce féminin *ma chère âme* qui convient mal pour Curiace. — 6. Voir le v. 515. — 7. Voir le v. 529. — 8. Je te supplie. — 9. La préposition *à* pouvait remplacer, au XVII⁰ s., la plupart des autres prépositions ; ici : auprès de.

Albe a reçu par eux tout ce que tu lui dois.
Autre n'a mieux que toi soutenu cette guerre;
Autre de plus de morts n'a couvert notre terre :
Ton nom ne peut plus croître, il ne lui manque rien;
550 Souffre qu'un autre ici puisse ennoblir le sien.

CURIACE. — Que je souffre à mes yeux qu'on ceigne une autre tête
Des lauriers immortels que la gloire m'apprête,
Ou que tout mon pays reproche à ma vertu
Qu'il aurait triomphé si j'avais combattu,
555 Et que sous mon amour ma valeur endormie
Couronne tant d'exploits d'une telle infamie!
Non, Albe, après l'honneur que j'ai reçu de toi,
Tu ne succomberas ni vaincras que par moi;
Tu m'as commis ¹ ton sort, je t'en rendrai bon conte ²,
560 Et vivrai sans reproche, ou périrai sans honte.

---

1. Confié. — 2. On confondait, au XVIIᵉ s., les mots *conte* et *compte*.

● **Les caractères** — Dans la scène précédente (v. 502), Horace a dit à Curiace : *Albe vous a nommé, je ne vous connais plus.* Cependant, Horace permet à Camille, il lui demande, si Curiace revient vainqueur, d'épouser le meurtrier des Horaces et le destructeur de la patrie romaine.
① Voyez-vous là une contradiction? Comment expliquez-vous cette attitude?
② Que vous indique d'autre part la seconde exhortation, à la fois parallèle et opposée, qu'il fait à Camille? Estimez-vous, comme certains, qu'il ne lui a donné le premier conseil que pour avoir le droit d'exiger d'elle, en échange, qu'elle obéisse totalement au second? Indiquez l'importance des v. 524-526 pour la suite de la pièce.
③ Approuvez-vous cette opinion de Nietzsche : « Ce que les hommes de puissance et de volonté peuvent exiger d'eux-mêmes donne aussi la mesure du droit qu'ils peuvent s'accorder »?

● **L'art de persuader** — Camille souhaite obtenir de Curiace qu'il se fasse remplacer par un autre guerrier albain. Cela est-il possible, à votre avis? Tenez compte pour répondre :
— des sentiments très divers de Curiace (v. 259-270, 453-482, 535-542);
— des indications qui nous seront données au début de l'acte III sur les sentiments des armées albaine et romaine.
Mais, bien loin de convaincre Curiace (qui est pourtant désespéré : v. 417), elle obtient de lui une réponse exactement contraire à ce qu'elle souhaitait, elle lui rend même le souci de la gloire, cette *fumée* (voir le v. 459).
④ Pourquoi? Quelles fautes graves a-t-elle commises, de logique et de psychologie? Montrez que c'est elle-même, sans le vouloir, qui donne à Curiace l'argument le plus fort pour que précisément il ne se fasse pas remplacer.
⑤ Si vous aviez voulu persuader Curiace, que lui auriez-vous dit?

CAMILLE. — Quoi! tu ne veux pas voir qu'ainsi tu me trahis!

CURIACE. — Avant que d'être à vous, je suis à mon pays.

CAMILLE. — Mais te priver pour lui toi-même d'un beau-frère,
Ta sœur de son mari [1]!

CURIACE. — Telle est notre misère :
565 Le choix d'Albe et de Rome ôte toute douceur
Aux noms jadis si doux de beau-frère et de sœur.

CAMILLE. — Tu pourras donc, cruel, me présenter sa tête,
Et demander ma main pour prix de ta conquête!

CURIACE. — Il n'y faut plus penser : en l'état où je suis,
570 Vous aimer sans espoir, c'est tout ce que je puis.
Vous en pleurez, Camille?

CAMILLE. — Il faut bien que je pleure :
Mon insensible amant ordonne que je meure;
Et quand l'hymen pour nous allume son flambeau [2],
Il l'éteint [3] de sa main pour m'ouvrir le tombeau.
575 Ce cœur impitoyable à ma perte s'obstine,
Et dit qu'il m'aime encore alors qu'il m'assassine.

CURIACE. — Que les pleurs d'une amante ont de puissants discours [4],
Et qu'un bel œil [5] est fort avec un tel secours!
Que mon cœur s'attendrit à cette triste vue!
580 Ma constance contre elle à regret s'évertue.
N'attaquez plus ma gloire avec tant de douleurs,
Et laissez-moi sauver ma vertu de vos pleurs;
Je sens qu'elle chancelle et défend mal la place :
Plus je suis votre amant, moins je suis Curiace.
585 Faible d'avoir déjà combattu [6] l'amitié,
Vaincrait-elle à la fois l'amour et la pitié?
Allez, ne m'aimez plus, ne versez plus de larmes,
Ou j'oppose l'offense à de si fortes armes;
Je me défendrai mieux contre votre courroux,
590 Et pour le mériter je n'ai plus d'yeux pour vous;
Vengez-vous d'un ingrat [7], punissez un volage.
Vous ne vous montrez point sensible à cet outrage!
Je n'ai plus d'yeux pour vous, vous en avez pour moi!
En faut-il plus encor? Je renonce à ma foi [8].
595 Rigoureuse vertu dont je suis la victime,
Ne peux-tu résister sans le secours d'un crime?

CAMILLE. — Ne fais point d'autre crime, et j'atteste les Dieux
Qu'au lieu de t'en haïr, je t'en aimerai mieux;

---

1. Il faut sous-entendre ici : priver *ta sœur*. — 2. Langage galant pour : alors que nous allions nous marier (le dieu Hymen portait un flambeau et symbolisait le mariage). — 3. *Mon insensible amant* l'éteint. — 4. Sont éloquents. — 5. Métaphore galante. — 6. *Faible* est apposition de *elle* (v. 586) qui a pour antécédent *vertu* (v. 582) : affaiblie parce qu'elle a combattu. — 7. Langage précieux : celui qui ne répond pas à l'amour qu'on a pour lui. — 8. Langage précieux : fidélité en amour.

Oui, je te chérirai, tout ingrat [1] et perfide,
600 Et cesse d'aspirer au nom de fratricide.
Pourquoi suis-je Romaine, ou que n'es-tu Romain ?
Je te préparerais des lauriers de ma main ;
Je t'encouragerais, au lieu de te distraire [2] ;
Et je te traiterais comme j'ai fait [3] mon frère.
605 Hélas ! j'étais aveugle en mes vœux aujourd'hui ;
J'en ai fait contre toi quand j'en ai fait pour lui.
    Il revient : quel malheur, si l'amour de sa femme
Ne peut non plus [4] sur lui que le mien sur ton âme !

---

1. Voir le v. 591. — 2. Sens étymologique : détourner. — 3. Comme j'ai traité mon frère : voir la n. du v. 466. — 4. Pas plus.

■■■

- **Le réalisme de la tendresse** — Ni Curiace ni Camille n'ont répondu à Horace lorsqu'il leur a permis et même demandé (sc. 4 ; voir les *Caractères*, p. 61), si Curiace tuait Horace, de se marier quand même, d'achever *l'hyménée* (v. 523) comme si de rien n'était. La réponse, ils nous la donnent ici (v. 563-570) ; ils savent, eux, que cela ne sera plus possible, — et ils se le disent avec déchirement.
  On accuse souvent Corneille d'ignorer la tendresse, de ne pas l'exprimer en tout cas ; — mais il sait trouver, pour exprimer ces adieux désespérés, des vers d'une mélancolie pénétrante : les v. 565-566, par exemple, dans lesquels le susurrement des consonnes (douceur, *si*, *sœur*) rend l'émotion encore plus sensible.
- **Les caractères** — HORACE, si réaliste lorsqu'il s'agit des combats (voir p. 58) est aveugle sur le plan des relations individuelles ; sa proposition est logique, mais abstraite, hors du réel. CURIACE, au contraire, si utopique souvent, a compris tout de suite, bien qu'elle lui soit extrêmement favorable, que cette proposition était impossible.
- **La préciosité ridicule** — Les v. 577-596 sont mauvais pour le fond comme pour la forme. L'habitude précieuse d'isoler et de personnifier les sentiments à l'intérieur de la personne conduit à un véritable galimatias : Curiace interpelle en lui sa vertu, qui *défend mal la place* forte de son **cœur**, attaquée par les *puissants discours* et le *bel œil* de Camille !... et qui, pour résister, s'en va chercher *le secours* (imaginaire) *d'un crime*. D'autre part, pour que Curiace ait meilleur moral, il faut que Camille ne pleure pas ; pour qu'elle ne pleure pas, il faut qu'elle ne l'aime plus ; pour qu'elle ne l'aime plus, il faut qu'il l'*offense* (v. 588) ; il va donc l'offenser, et même être *volage* (v. 591), commettre le crime de l'infidélité...
  Tout cela est tellement faux que Camille ne peut le croire une seconde... mais les spectateurs du XVIIᵉ s. aimaient ces complications, que Molière devra encore ridiculiser dix-neuf et trente-deux ans plus tard, dans les *Précieuses Ridicules* et les *Femmes Savantes*.
  Au cours de cette tirade, cependant, le grand Corneille apparaît dans un beau vers (584), simple et direct :

Plus je suis votre amant, moins je suis Curiace.

■■■

SCÈNE VI. — HORACE, CURIACE, CAMILLE, SABINE.

CURIACE. — Dieux! Sabine le suit. Pour ébranler mon cœur,
610 Est-ce peu de Camille? y[1] joignez-vous ma sœur?
Et laissant à ses pleurs vaincre ce grand courage,
L'amenez-vous ici chercher même avantage[2]?

SABINE. — Non, non, mon frère, non; je ne viens en ce lieu
Que pour vous embrasser et pour vous dire adieu.
615 Votre sang est trop bon[3], n'en craignez rien de lâche,
Rien dont la fermeté de ces grands cœurs se fâche[4]:
Si ce malheur illustre ébranlait l'un de vous,
Je le désavouerais pour frère ou pour époux.
Pourrais-je toutefois vous faire une prière
620 Digne d'un tel époux et digne d'un tel frère?
Je veux d'un coup si noble ôter l'impiété,
A l'honneur qui l'attend rendre sa pureté,
La mettre en son éclat sans mélange de crimes[5];
Enfin je vous veux faire ennemis légitimes.
625   Du saint nœud qui vous joint je suis le seul lien:
Quand je ne serai plus, vous ne vous serez rien.
Brisez votre alliance et rompez-en la chaîne;
Et puisque votre honneur veut des effets de haine,
Achetez par ma mort le droit de vous haïr:
630 Albe le veut, et Rome; il faut leur obéir.
Qu'un de vous deux me tue, et que l'autre me venge;
Alors votre combat n'aura plus rien d'étrange;
Et du moins l'un des deux sera juste agresseur,
Ou pour venger sa femme, ou pour venger sa sœur.
635 Mais quoi? vous souilleriez une gloire si belle,
Si vous vous animiez par quelque autre querelle:
Le zèle du pays vous défend de tels soins[6];
Vous feriez peu pour lui si vous vous étiez moins[7]:
Il lui faut, et sans haine, immoler un beau-frère.

---

1. *Y* était couramment employé, au XVIIᵉ s., pour désigner des personnes. — 2. Vers très mauvais; Curiace, croyant que Sabine par ses pleurs a vaincu le grand courage d'Horace, « querelle » les dieux une fois de plus et demande s'ils lui envoient Sabine pour l'affaiblir lui-même. — 3. Noble, généreux, voir le v. 468. — 4. Sens fort : se révolte. — 5. *Mettre* dans tout *son éclat* la pureté de votre honneur sans qu'aucun crime y soit mêlé, c'est-à-dire faire que vous puissiez vous battre sans que le combat soit criminel. Mais Sabine propose, pour cela, un autre crime, et celui-là tout à fait « gratuit ». Elle est vraiment folle de désespoir. — 6. Vous défend de vous préoccuper d'autre chose que des ordres reçus. — 7. Si vous étiez moins unis l'un à l'autre.

[640] Ne différez donc plus ce que vous devez faire :
(à *Horace*)
Commencez par sa sœur à répandre son sang,
(à *Curiace*)
Commencez par sa femme à lui percer le flanc,
(à *tous deux*)
Commencez par Sabine à faire de vos vies
Un digne sacrifice à vos chères patries :
[645] Vous êtes ennemis en ce combat fameux,
Vous, d'Albe, vous de Rome, et moi de toutes deux.
Quoi ? me réservez-vous à voir une victoire
Où, pour haut appareil d'une pompeuse gloire [1],
Je verrai les lauriers d'un frère ou d'un mari
[650] Fumer encor d'un sang que j'aurai tant chéri ?
Pourrai-je entre vous deux régler [2] alors mon âme,
Satisfaire aux devoirs et de sœur et de femme,
Embrasser le vainqueur en pleurant le vaincu ?
Non, non, avant ce coup [3] Sabine aura vécu :
[655] Ma mort le préviendra, de qui que je l'obtienne;
Le refus de vos mains y condamne la mienne.
Sus donc, qui vous retient ? cœurs inhumains,
J'aurai trop de moyens pour y forcer vos mains.
Vous ne les aurez point au combat occupées,
[660] Que [4] ce corps [5] au milieu n'arrête vos épées;
Et, malgré vos refus, il faudra que leurs coups
Se fassent jour ici [6] pour aller jusqu'à vous.

HORACE. — Ô ma femme !

CURIACE. —   Ô ma sœur !

CAMILLE. —   Courage ! ils s'amollissent.

SABINE. — Vous poussez des soupirs; vos visages pâlissent !
[665] Quelle peur vous saisit ? Sont-ce là ces grands cœurs,
Ces héros qu'Albe et Rome ont pris pour défenseurs ?

HORACE. — Que t'ai-je fait, Sabine, et quelle est mon offense
Qui [7] t'oblige à chercher une telle vengeance ?
Que t'a fait mon honneur ? et par quel droit viens-tu
[670] Avec toute ta force attaquer ma vertu ?
Du moins contente-toi de l'avoir étonnée [8],
Et me laisse [9] achever cette grande journée.
Tu me viens de réduire en un étrange point;

---

1. Comme ornements superbes du cortège triomphal. — 2. Partager équitablement. — 3. Avant un événement aussi affreux. — 4. Sans que. — 5. Mon corps : elle se désigne elle-même. — 6. Elle lui montre sa poitrine; il faudra que vous tourniez d'abord vos coups contre moi pour pouvoir les tourner ensuite l'un contre l'autre. — 7. Tour latin : pour qu'elle t'oblige. — 8. Ébranlée. — 9. Voir le v. 422.

Aime assez ton mari pour n'en triompher point.
675 Va-t'en, et ne rends plus la victoire douteuse;
La dispute déjà m'en est assez honteuse [1] :
Souffre [2] qu'avec honneur je termine mes jours.

SABINE. — Va, cesse de me craindre : on vient à ton secours.

Scène VII. — LE VIEIL HORACE, HORACE, CURIACE, SABINE, CAMILLE.

LE VIEIL H. — Qu'est-ce ci [3], mes enfants ? écoutez-vous vos flammes [4],
680 Et perdez-vous encor le temps avec des femmes ?
Prêts à verser du sang, regardez-vous des pleurs ?
Fuyez, et laissez-les déplorer leurs malheurs.
Leurs plaintes ont pour vous trop d'art et de tendresse :
Elles vous feraient part enfin de leur faiblesse,
685 Et ce n'est qu'en fuyant qu'on pare de tels coups.

SABINE. — N'appréhendez rien d'eux, ils sont dignes de vous.
Malgré tous nos efforts, vous en devez attendre
Ce que vous souhaitez et d'un fils et d'un gendre;
Et si notre faiblesse ébranlait leur honneur,
690 Nous vous laissons ici pour leur rendre du cœur [5].
Allons, ma sœur, allons, ne perdons plus de larmes :
Contre tant de vertus ce sont de faibles armes.
Ce n'est qu'au désespoir qu'il nous faut recourir.
Tigres, allez combattre, et nous, allons mourir.

Scène VIII. — LE VIEIL HORACE, HORACE, CURIACE.

HORACE. — 695 Mon père, retenez des femmes qui s'emportent [6],
Et de grâce empêchez surtout qu'elles ne sortent.
Leur amour importun [7] viendrait avec éclat
Par des cris et des pleurs troubler notre combat;
Et ce qu'elles nous sont [8] ferait qu'avec justice

---

1. C'est pour moi une honte suffisante que tu m'aies fait hésiter. — 2. Permets. —
3. Qu'est-ce ici ? Qu'y a-t-il ici ? — 4. Langage galant : vos amours. — 5. Première
rédaction :

Et si notre faiblesse avait pu les changer,
Nous vous laissons ici pour les encourager.

— 6. Se laissent emporter par le *désespoir* (v. 693) : Sabine vient de menacer de se suicider.
— 7. Sens fort : absolument déplacé. — 8. Ce qu'elles sont pour nous.

<pre>
         700 On nous imputerait ce mauvais artifice.
             L'honneur d'un si beau choix serait trop acheté,
             Si l'on nous soupçonnait de quelque lâcheté.
LE VIEIL H. — J'en aurai soin. Allez, vos frères vous attendent;
             Ne pensez qu'aux devoirs que vos pays demandent.
CURIACE.   _705 Quel adieu vous dirai-je ? et par quels compliments...
LE VIEIL H. — Ah! n'attendrissez point ici mes sentiments;
             Pour vous encourager ma voix manque de termes;
             Mon cœur ne forme point de pensers ¹ assez fermes;
             Moi-même en cet adieu j'ai des larmes aux yeux.
         710 Faites votre devoir, et laissez faire aux Dieux.
</pre>

---

1. Infinitif substantivé qui remplace souvent le mot *pensées*, beaucoup plus difficile à placer dans un vers régulier à cause de l'*e* muet final : voir *le Rythme*, p. 57.

■■■

● **Les caractères** — Nous ne connaissions pas encore LE VIEIL HORACE et il ne nous en avait été parlé qu'une fois (v. 253 et suiv.). Dès qu'il apparaît, il attire sur lui l'attention, au point que certains critiques (Émile Faguet, en particulier) ont cru voir en lui le véritable héros de la pièce.
① Pourquoi?
② Vous comparerez le vers d'Horace (502) : *Albe vous a nommé, je ne vous connais plus*, — et celui du Vieil Horace (704) : *Ne pensez qu'aux devoirs que vos pays demandent*.
C'est la même résolution. Pourquoi, cependant, ce vers 704 ne produit-il pas, en général, la même impression que le vers 502? N'y sent-on pas déjà un peu de l'émotion qui va se faire jour dans les vers suivants? Bien entendu, si l'acteur qui joue le rôle d'Horace a choisi, pour le vers 502, l'interprétation de Baras, (voir *le Mot de la fin*, p. 59), l'attitude du père et celle du fils sont semblables.

● **Les thèses** — Comme Don Diègue, le Vieil Horace se méfie des femmes. A qui s'adresse-t-il en disant (v. 679) *mes enfants ?* A qui ne s'adresse-t-il pas? On observe chez lui, le mépris des femmes et la crainte de leur puissance, — comme si leur force, conseille aux combattants, pour v. 685) de ce qu'il méprise en elles : elles ont *trop d'art et de tendresse*, dit-il (v. 683).

● **Le mot de la fin** — Le dernier vers — *Faites votre devoir et laissez faire aux Dieux* — peut s'entendre de deux façons :
— ou bien il a le sens de notre proverbe : Fais ce que dois, advienne que pourra;
— ou bien il peut signifier en outre, que le Vieil Horace, parfaitement conscient de la monstruosité du combat, conseille aux combattants, pour ne pas en être troublés, d'en rejeter la responsabilité sur les dieux : ils ont permis le choix qui aboutit à ce combat fratricide, c'est leur affaire; les hommes, eux, ont à accomplir leur devoir, sans se préoccuper d'autre chose.

■■■

ACTE III

Scène première. — SABINE.

Prenons parti, mon âme, en de telles disgrâces :
Soyons femme d'Horace, ou sœur des Curiaces [1];
Cessons de partager nos inutiles soins;
Souhaitons quelque chose, et craignons un peu moins.
[715] Mais, las! quel parti prendre en un sort si contraire?
Quel ennemi choisir, d'un époux ou d'un frère?
La nature ou l'amour parle pour chacun d'eux,
Et la loi du devoir m'attache à tous les deux.
Sur leurs hauts sentiments réglons plutôt les nôtres;
[720] Soyons femme de l'un ensemble [2] et sœur des autres :
Regardons leur honneur comme un souverain bien;
Imitons leur constance, et ne craignons plus rien.
La mort qui les menace est une mort si belle
Qu'il en faut sans frayeur attendre la nouvelle.
[725] N'appelons point alors les destins inhumains [3];
Songeons pour quelle cause, et non par quelles mains;
Revoyons les vainqueurs, sans penser qu'à [4] la gloire
Que toute leur maison reçoit de leur victoire;
Et, sans considérer aux dépens de quel sang
[730] Leur vertu les élève en cet illustre rang,
Faisons nos intérêts de ceux de leur famille :
En l'une je suis femme, en l'autre je suis fille,
Et tiens à toutes deux par de si forts liens [5]
Qu'on ne peut triompher que par les bras des miens.
[735] Fortune [6], quelques maux que ta rigueur m'envoie,
J'ai trouvé les moyens d'en tirer de la joie,
Et puis voir aujourd'hui le combat sans terreur,
Les morts sans désespoir, les vainqueurs sans horreur.
    Flatteuse illusion, erreur douce et grossière,
[740] Vain effort de mon âme, impuissante lumière,
De qui le faux brillant [7] prend droit de m'éblouir,
Que tu sais peu durer et tôt t'évanouir!
Pareille à ces éclairs qui, dans le fort [8] des ombres,
Poussent un jour qui fuit [9] et rend les nuits plus sombres,

---

1. Voir p. 38, n. 1. — 2. En même temps que, tout autant que. — 3. *Inhumains* est attribut du complément d'objet *destins :* n'accusons point les destins d'être inhumains.— 4. *Sans penser* à rien d'autre *qu'à la gloire.* — 5 Diérèse: *li-ens.* — 6. Destin. — 7. Adjectif substantivé que nous employons encore, mais sans épithète : l'éclat. — 8. Adjectif substantivé que nous employons encore, mais au superlatif : au plus fort des ombres. — 9. Projettent une lumière qui disparaît aussitôt.

745 Tu n'as frappé mes yeux d'un moment de clarté
Que pour les abîmer dans plus d'obscurité.
Tu charmais [1] trop ma peine, et le Ciel, qui s'en fâche,
Me vend déjà bien cher ce moment de relâche.
Je sens mon triste cœur percé de tous les coups
750 Qui m'ôtent maintenant un frère ou mon époux.
Quand je songe à leur mort, quoi que je me propose,
Je songe par quel bras, et non pour quelle cause,
Et ne vois les vainqueurs en leur illustre rang
Que pour considérer aux dépens de quel sang.
755 La maison des vaincus touche seule mon âme :
En l'une je suis fille, en l'autre je suis femme,
Et tiens à toutes deux par de si forts liens
Qu'on ne peut triompher que par la mort des miens [2].
C'est là donc cette paix que j'ai tant souhaitée !
760 Trop favorables Dieux, vous m'avez écoutée !
Quels foudres [3] lancez-vous quand vous vous irritez,
Si même vos faveurs ont tant de cruautés ?
Et de quelle façon punissez-vous l'offense,
Si vous traitez ainsi les vœux de l'innocence ?

SCÈNE II. — SABINE, JULIE.

SABINE.　— 765 En est-ce fait, Julie, et que m'apportez-vous ?
Est-ce la mort d'un frère, ou celle d'un époux ?
Le funeste succès de leurs armes impies
De tous les combattants a-t-il fait des hosties
Et, m'enviant l'horreur que j'aurais des vainqueurs,
770 Pour tous tant qu'ils étaient demande-t-il mes pleurs [4] ?

JULIE.　— Quoi ? ce qui s'est passé, vous l'ignorez encore ?

SABINE.　— Vous faut-il étonner de ce que je l'ignore,
Et ne savez-vous point que de cette maison
Pour Camille et pour moi l'on fait une prison ?
775 Julie, on nous renferme, on a peur de nos larmes ;
Sans cela nous serions au milieu de leurs armes,
Et, par les désespoirs d'une chaste amitié [5],
Nous aurions des deux camps tiré quelque pitié.

---

1. *Charmer* avait un sens très fort au XVIIe s. : séduire par un charme magique. Le Ciel se fâche que Sabine se soit laissé séduire. — 2. Reprise volontaire, en sens opposé, des vers 732-733. — 3. Le mot s'employait aussi bien au masculin qu'au féminin. — 4. Vers très contournés : l'issue malheureuse de leur combat sacrilège a-t-elle fait des victimes de tous les combattants et, m'empêchant d'avoir de l'horreur pour les vainqueurs, demande-t-elle que je les pleure tous ? En bref : sont-ils tous morts ? — 5. Par toutes les marques du désespoir auquel nous réduit notre amour pour eux.

JULIE. — Il n'était pas besoin d'un si tendre spectacle :
780 Leur vue à leur combat apporte assez d'obstacle [1].
Sitôt qu'ils ont paru prêts à se mesurer,
On a dans les deux camps entendu murmurer [2] :
A voir de tels amis, des personnes si proches,
Venir pour leur patrie aux mortelles approches,
785 L'un s'émeut de pitié, l'autre est saisi d'horreur,
L'autre d'un si grand zèle admire la fureur;
Tel porte jusqu'aux Cieux leur vertu sans égale,
Et tel l'ose [3] nommer sacrilège et brutale.
Ces divers sentiments n'ont pourtant qu'une voix;
790 Tous accusent leurs chefs, tous détestent [4] leur choix;
Et, ne pouvant souffrir un combat si barbare,
On s'écrie, on s'avance, enfin on les sépare.

SABINE. — Que je vous dois d'encens, grands Dieux, qui m'exaucez!

JULIE. — Vous n'êtes pas, Sabine, encore où vous pensez :
795 Vous pouvez espérer, vous avez moins à craindre;
Mais il vous reste encore assez de quoi vous plaindre.
En vain d'un sort si triste en veut garantir;
Ces cruels généreux [5] n'y peuvent consentir :
La gloire de ce choix leur est si précieuse
800 Et charme tellement leur âme ambitieuse,
Qu'alors qu'on les déplore [6] ils s'estiment heureux
Et prennent pour affront la pitié qu'on a d'eux.
Le trouble des deux camps souille leur renommée,
Ils combattront plutôt et l'une et l'autre armée,
805 Et mourront par les mains qui leur font d'autres lois,
Que pas un d'eux [7] renonce aux honneurs d'un tel choix.

SABINE. — Quoi! dans leur dureté ces cœurs d'acier s'obstinent [8]?

JULIE. — Oui, mais d'autre côté [9] les deux camps se mutinent,
Et leurs cris, des deux parts poussés en même temps,
810 Demandent la bataille, ou d'autres combattants.
La présence des chefs à peine est respectée,
Leur pouvoir est douteux, leur voix mal écoutée:

---

1. Attention à l'inversion : *combat* est complément de *apporte*. Le *spectacle* qu'ils offrent (trois beaux-frères contre trois beaux-frères) est un *obstacle* au combat. — 2. Sens fort : protester. — 3. Voir le v. 254. — 4. Sens fort : maudissent. — 5. *Généreux* était souvent substantivé, au XVIIe s.; un *généreux* est « une âme bien née » (expression de Rodrigue dans *le Cid*, v. 405). — 6. *Déplorer* pouvait avoir, au XVIIe s., un nom de personne comme complément d'objet direct. — 7. Plutôt qu'un seul d'entre eux (*plutôt* est exprimé au v. 804 mais il n'est pas répété après *mourront*). Corneille avait d'abord écrit ces deux vers :

Et mourront par les mains qui les ont séparés
Que quitter les honneurs qui leur sont déférés

— 8. Variante : « Quoi! dans leur dureté ces cœurs de fer s'obstinent. » — 9. D'un autre côté. La première version de ce vers 808 était : « Ils le font, mais d'ailleurs les deux camps se mutinent. »

● **Le monologue de la scène 1** — Il est si long et si peu utile à l'action que les comédiens le suppriment souvent aujourd'hui. Au XVIIe s., il constituait, au contraire, pour l'actrice, un « morceau de bravoure » auquel elle n'aurait pas facilement renoncé. « Les comédiens voulaient alors des monologues, observe Voltaire dans son *Commentaire*. La déclamation approchait du chant, surtout celle des femmes; les auteurs avaient cette complaisance pour elles. »

① Vous comparerez ce monologue à celui d'Émilie qui ouvre la tragédie de *Cinna* et qui a, du moins, l'intérêt de commencer l'exposition.

Notez, dans ce monologue, deux vers (735-736) qui ne sont guère caractéristiques de Sabine sans doute (elle renonce tout de suite à cette attitude), mais qui expriment avec force l'une des fiertés les plus constantes de tous les héros cornéliens :

> *Fortune, quelques maux que ta rigueur m'envoie,*
> *J'ai trouvé les moyens d'en tirer de la joie.*

● **La construction dramatique**

② Quelles difficultés techniques Corneille avait-il à résoudre dans ce troisième acte? Pour quelles raisons les femmes ont-elles été obligées de rester à la maison? Et le Vieil Horace? Partagez-vous l'opinion de Voltaire dans son *Commentaire sur Corneille*? « Le Vieil Horace, qui était présent quand les Horaces et les Curiaces ont refusé qu'on nommât d'autres champions, a dû être présent au combat. Cela gâte jusqu'au *Qu'il mourût!* »

③ Pourquoi Corneille a-t-il choisi Julie comme messager? Rappelez vous comment il nous l'a présentée au premier acte. Quelle exagération énorme lui fait-il proférer ici pour mettre en valeur son caractère exalté. et expliquer d'avance le v. 1008 (qui justifie la fin du troisième acte et le début du quatrième)?

④ Montrez que la solution adoptée par Corneille, si elle n'est pas entièrement vraisemblable, lui donne la possibilité de « coups de théâtre » très dramatiques, et d'une analyse plus complète des caractères.

● **Les coups de théâtre révèlent les caractères** — Corneille invente (Tite-Live n'en fait pas mention) l'épisode de la protestation des deux armées. Elle est extrêmement vive (même si l'on tient compte des exagérations possibles de Julie). Malgré la discipline rigoureuse des armées antiques, la plupart des soldats dans les deux camps sont tellement scandalisés par la barbarie *sacrilège* du combat que non seulement ils « murmurent » (v. 782) et *accusent leurs chefs* (v. 790), mais qu'ils se révoltent presque, qu'ils *se mutinent* (v. 808).

⑤ Pourquoi cette insistance de Corneille? Quels renseignements nouveaux nous donne, sur le caractère d'Horace et surtout sur celui de Curiace, la possibilité qui leur est ainsi donnée d'accepter — sans déserter, sans trahir — que d'autres combattants soient nommés?

Nous connaîtrons pratiquement les réactions de tous les personnages à l'annonce de cet épisode : celles de Camille et de Sabine dans les scènes 4 et 5, celles du vieil Horace, très caractéristiques, aux v. 965 et suiv. :

> *Et j'ai vu leur honneur croître de la moitié,*
> *Quand ils ont des deux camps refusé la pitié,*
> *Si par quelque faiblesse ils l'avaient mendiée,*
> *Si leur haute vertu ne l'eût répudiée,*
> *Ma main bientôt sur eux m'eût vengé hautement...*

Le Roi même s'étonne ; et, pour dernier effort :
« Puisque chacun, dit-il, s'échauffe en ce discord [1],
815 Consultons des grands Dieux la majesté sacrée,
Et voyons si ce change [2] à leurs bontés agrée.
Quel impie osera se prendre à leur vouloir [3],
Lorsqu'en un sacrifice ils nous l'auront fait voir ? »
Il se tait, et ces mots semblent être des charmes [4] ;
820 Même aux six combattants ils arrachent les armes ;
Et ce désir d'honneur qui leur ferme les yeux,
Tout aveugle qu'il est, respecte encor les Dieux.
Leur plus bouillante ardeur cède à l'avis de Tulle ;
Et soit par déférence, ou [5] par un prompt scrupule,
825 Dans l'une et l'autre armée on s'en fait une loi,
Comme si toutes deux le connaissaient [6] pour roi.
Le reste s'apprendra par la mort des victimes [7].

SABINE.   — Les Dieux n'avoueront [8] point un combat plein de crimes ;
J'en [9] espère beaucoup, puisqu'il est différé,
830 Et je commence à voir ce que j'ai désiré.

SCÈNE III. — SABINE, CAMILLE, JULIE.

SABINE.   — Ma sœur, que je vous die [10] une bonne nouvelle.

CAMILLE.   — Je pense la savoir, s'il faut la nommer telle.
On l'a dite à mon père, et j'étais avec lui ;
Mais je ne conçois rien qui flatte mon ennui [11].
835 Ce délai de nos maux rendra leurs coups plus rudes ;
Ce n'est qu'un plus long terme à nos inquiétudes ;
Et tout l'allégement qu'il en faut espérer,
C'est de pleurer plus tard ceux qu'il faudra pleurer.

SABINE.   — Les Dieux n'ont pas en vain inspiré ce tumulte.

CAMILLE. —840 Disons plutôt, ma sœur, qu'en vain on les consulte.
Ces mêmes Dieux à Tulle ont inspiré ce choix ;
Et la voix du public n'est pas toujours leur voix [12] ;
Ils descendent bien moins dans de si bas étages
Que dans l'âme des rois, leurs vivantes images,
845 De qui l'indépendante et sainte autorité [13]
Est un rayon secret de leur divinité.

---

1. Ce conflit. — 2. Cette modification. — 3. Leur volonté. — 4. Sens fort : paroles magiques ; voir p. 69, n. 1. — 5. Dans la langue d'aujourd'hui, il faudrait répéter *soit*. — 6. Reconnaissaient : voir p. 40, n. 8. — 7. Pour connaître la volonté des dieux, les haruspices examinaient les entrailles des victimes : foie, rate, estomac, reins, cœur et poumons. — 8. Le verbe *avouer* a pour contraire *désavouer* ; donc, les dieux désavoueront le combat. — 9. *En* renvoie à *Dieux*. On dirait aujourd'hui : J'espère beaucoup d'eux. — 10. Forme ancienne pour : dise. — 11. Sens fort : douleur, désespoir. — 12. Camille critique le proverbe *Vox populi, vox Dei* (voir p. 16). — 13. Première version : « Et de qui l'absolue et sainte autorité. »

JULIE. — C'est vouloir sans raison vous former des obstacles
Que de chercher leur voix ailleurs qu'en leurs oracles;
Et vous ne vous pouvez figurer tout perdu,
850 Sans démentir celui qui vous fut hier rendu.

CAMILLE. — Un oracle jamais ne se laisse comprendre :
On l'entend [1] d'autant moins que plus on croit l'entendre;
Et loin de s'assurer sur [2] un pareil arrêt,
Qui n'y voit rien d'obscur doit croire que tout l'est.

SABINE. — 855 Sur ce qui fait pour nous [3] prenons plus d'assurance,
Et souffrons les douceurs d'une juste espérance.
Quand la faveur du Ciel ouvre à demi ses bras,
Qui ne s'en promet rien ne la mérite pas;
Il empêche souvent qu'elle ne se déploie,
860 Et lorsqu'elle descend, son refus la renvoie.

CAMILLE. — Le Ciel agit sans nous en ces événements,
Et ne les règle point dessus nos sentiments.

JULIE. — Il ne vous a fait peur que pour vous faire grâce.
Adieu : je vais savoir comme [4] enfin tout se passe.
865 Modérez vos frayeurs; j'espère à mon retour
Ne vous entretenir que de propos d'amour,
Et que nous n'emploierons la fin de la journée
Qu'aux doux préparatifs d'un heureux hyménée.

SABINE. — J'ose encor l'espérer.

CAMILLE. —   Moi, je n'espère rien.

JULIE. — 870 L'effet [5] vous fera voir que nous en jugeons bien.

SCÈNE IV. — SABINE, CAMILLE.

SABINE. — Parmi vos déplaisirs [6] souffrez que je vous blâme :
Je ne puis approuver tant de trouble en votre âme;
Que feriez-vous, ma sœur, au point où je me vois,
Si vous aviez à craindre autant que je le dois,
875 Et si vous attendiez de leurs armes fatales [7]
Des maux pareils aux miens, et des pertes égales ?

CAMILLE. — Parlez plus sainement de vos maux et des miens :
Chacun voit ceux d'autrui d'un autre œil que les siens;
Mais à bien regarder ceux où le Ciel me plonge,
880 Les vôtres auprès d'eux vous sembleront un songe.
La seule mort d'Horace est à craindre pour vous.

---

1. Sens classique : on le comprend. — 2. De se fier à. — 3. Ce qui agit pour nous. —
4. Comment. — 5. Ce qui se passera « effectivement ». — 6. Sens fort : douleur,
désespoir. — 7. Sens étymologique : qui portent le destin, la mort.

Des frères ne sont rien à l' égal d'un époux;
L'hymen qui nous attache en une autre famille
Nous détache de celle où l'on a vécu fille;
885 On voit d'un œil divers des nœuds si différents,
Et pour suivre un mari l'on quitte ses parents;
Mais, si près d'un hymen, l'amant que donne un père
Nous est moins qu'un époux, et non pas moins qu'un frère,
Nos sentiments entre eux demeurent suspendus,
890 Notre choix impossible, et nos vœux confondus.
Ainsi, ma sœur, du moins vous avez dans vos plaintes
Où porter vos souhaits et terminer vos craintes;
Mais si le Ciel s'obstine à nous persécuter,
Pour moi, j'ai tout à craindre, et rien à souhaiter.

SABINE.   —895 Quand il faut que l'un meure et par les mains de l'autre,
C'est un raisonnement bien mauvais que le vôtre.
Quoique ce soient, ma sœur, des nœuds bien différents,
C'est sans les oublier qu'on quitte ses parents :
L'hymen n'efface point ces profonds caractères;
900 Pour aimer un mari, l'on ne hait pas ses frères :
La nature en tout temps garde ses premiers droits;
Aux dépens de leur vie on ne fait point de choix :
Aussi bien qu'un époux ils sont d'autres nous-mêmes
Et tous maux sont pareils alors qu'ils sont extrêmes.
905 Mais l'amant qui vous charme et pour qui vous brûlez
Ne vous est, après tout, que ce que vous voulez;
Une mauvaise humeur, un peu de jalousie,
En fait assez souvent passer la fantaisie;
Ce que peut le caprice, osez-le par raison,
910 Et laissez votre sang hors de comparaison :
C'est crime qu'opposer des liens [1] volontaires
A ceux que la naissance a rendus nécessaires.
Si donc le Ciel s'obstine à nous persécuter,
Seule j'ai tout à craindre, et rien à souhaiter;
915 Mais pour vous, le devoir vous donne, dans vos plaintes,
Où porter vos souhaits et terminer vos craintes [2].

CAMILLE.   — Je le vois bien, ma sœur, vous n'aimâtes jamais [3];
Vous ne connaissez point ni l'amour ni ses traits;
On peut lui résister quand il commence à naître,
920 Mais non pas le bannir quand il s'est rendu maître [4],
Et que l'aveu [5] d'un père, engageant notre foi [6],

---

1. Diérèse : *li-ens*. — 2. Reprise volontaire des v. 891-894 — 3. Ce cri est à peu près la seule beauté de la scène. — 4. On ne peut plus rien contre l'amour dès lors qu'on a accepté qu'il prenne possession de l'âme. — 5. Le consentement. — 6. Nous liant par une promesse solennelle de fidélité.

A fait de ce tyran un légitime roi [1] :
Il entre avec douceur, mais il règne par force;
Et quand l'âme une fois a goûté son amorce,
925 Vouloir ne plus aimer, c'est ce qu'elle ne peut,
Puisqu'elle ne peut plus vouloir que ce qu'il veut :
Ses chaînes sont pour nous aussi fortes que belles.

Scène V. — LE VIEIL HORACE, SABINE, CAMILLE.

LE VIEIL H. — Je viens vous apporter de fâcheuses nouvelles,
Mes filles; mais en vain je voudrais vous celer [2]
930 Ce qu'on ne vous saurait longtemps dissimuler :
Vos frères sont aux mains, les Dieux ainsi l'ordonnent.

SABINE. — Je veux bien l'avouer, ces nouvelles m'étonnent;
Et je m'imaginais dans la divinité
Beaucoup moins d'injustice, et bien plus de bonté.
935 Ne nous consolez point : contre tant d'infortune
La pitié parle en vain, la raison importune.
Nous avons en nos mains la fin de nos douleurs,
Et qui veut bien mourir peut braver les malheurs.
Nous pourrions aisément faire en votre présence
940 De notre désespoir une fausse constance;
Mais quand on peut sans honte être sans fermeté,
L'affecter au dehors, c'est une lâcheté;
L'usage d'un tel art [3], nous le laissons aux hommes

---

1. Le *roi* a le même pouvoir absolu que le *tyran*, mais le roi est légitime, le tyran s'est imposé. — 2. Cacher (cf. *receler, receleur*). — 3. Sabine affirme de nouveau, comme dans la première scène de la pièce, que sa douleur est juste, normale, et qu'elle ne serait plus une femme si elle essayait de la vaincre.

- **Dans tous les domaines, les Albains ont des conceptions plus avancées que les Romains.**

Pendant que, là-bas, les événements se décident, les femmes, ici, devant nous, ne peuvent que bavarder, remâcher leurs malheurs. Les deux belles-sœurs se heurtent, une fois de plus. Sur la religion non plus, leurs conceptions ne sont pas les mêmes.

De même que Curiace concevait déjà, confusément, une obligation humaine supérieure à l'obligation patriotique, de même Sabine imagine « la divinité » (v. 828 et 933-34), non pas encore comme parfaitement bonne et juste sans doute, conception qui sera celle du monothéisme, mais du moins comme meilleure que les hommes. Sabine va même jusqu'à exposer de façon fort anachronique la théorie jésuite de la grâce (v. 857-860).

Les Romains de la pièce, eux, en sont encore au polythéisme le plus traditionnel : les dieux sont puissants, mais se préoccupent fort peu de la morale.

Et ne voulons passer que pour ce que nous sommes.
945 Nous ne demandons point qu'un courage si fort
S'abaisse à notre exemple à se plaindre du sort.
Recevez sans frémir ces mortelles alarmes;
Voyez couler nos pleurs sans y mêler vos larmes;
Enfin, pour toute grâce, en tels déplaisirs [1],
950 Gardez votre constance, et souffrez nos soupirs.

LE VIEIL H. —   Loin de blâmer les pleurs que je vous vois répandre,
Je crois faire beaucoup de m'en [2] pouvoir défendre,
Et céderais peut-être à de si rudes coups,
Si je prenais ici même intérêt que vous.
955 Non qu'Albe par son choix m'ait fait haïr vos frères,
Tous trois me sont encor des personnes bien chères;
Mais enfin l'amitié n'est pas du même rang
Et n'a point les effets de l'amour ni du sang [3].
Je ne sens point pour eux la douleur qui tourmente
960 Sabine comme sœur, Camille comme amante :
Je puis les regarder comme nos ennemis,
Et donne sans regret mes souhaits à mes fils.
Ils sont, grâces aux Dieux, dignes de leur patrie;
Aucun étonnement n'a leur gloire flétrie [4];
965 Et j'ai vu leur honneur croître de la moitié,
Quand ils ont des deux camps refusé la pitié.
Si par quelque faiblesse ils l'avaient mendiée,
Si leur haute vertu ne l'eût répudiée,
Ma main bientôt sur eux m'eût vengé hautement
970 De l'affront que m'eût fait ce mol consentement.
Mais lorsqu'en dépit d'eux on en a voulu d'autres,
Je ne le cèle [5] point, j'ai joint mes vœux aux vôtres.
Si le Ciel pitoyable [6] eût écouté ma voix,
Albe serait réduite à faire un autre choix;
975 Nous pourrions voir tantôt triompher les Horaces
Sans voir leurs bras souillés du sang des Curiaces,
Et de l'événement [7] d'un combat plus humain
Dépendrait maintenant l'honneur du nom romain.
La prudence [8] des Dieux autrement en dispose;
980 Sur leur ordre éternel mon esprit se repose :
Il s'arme en ce besoin [9] de générosité,
Et du bonheur public fait sa félicité.

---

1. Voir le v. 871. — 2. Voir le v. 254. — 3. Les liens du sang, les liens familiaux. — 4. Cet accord du participe passé conjugué avec *avoir* est normal puisque le complément d'objet direct est ici placé, par inversion, avant le participe. Comparez avec le vers de La Fontaine : « Il avait dans la terre une somme enfouie », qui vous fera mieux saisir encore l'origine historique de cette règle d'accord du participe passé. — 5. Voir le v. 929. — 6. Se laissant toucher par la pitié : l'adjectif a ici valeur d'opposition. — 7. L'issue. — 8. La prévoyance, la sagesse des dieux qui connaissent les destins et en font respecter l'*ordre éternel* (v. 980). — 9. En cette circonstance critique.

Tâchez d'en faire autant pour soulager vos peines,
Et songez toutes deux que vous êtes Romaines :
(à Sabine)
985 Vous l'êtes devenue
(à Camille)
et vous l'êtes encor;
Un si glorieux titre est un digne trésor.
Un jour, un jour viendra que par toute la terre
Rome se fera craindre à l'égal du tonnerre,
Et que, tout l'univers tremblant dessous ses lois,
990 Ce grand nom deviendra l'ambition des rois [1] :
Les Dieux à notre Énée ont promis cette gloire.

SCÈNE VI. — LE VIEIL HORACE, SABINE, CAMILLE, JULIE.

LE VIEIL H. — Nous venez-vous, Julie, apprendre la victoire ?
JULIE, *s'adressant seulement au Vieil Horace.*

— Mais plutôt du combat les funestes effets :
Rome est sujette d'Albe, et vos fils sont défaits;
995 Des trois les deux [2] sont morts,
(désignant Sabine)
son époux seul vous reste.

---

1. Même les rois étrangers souhaiteront pouvoir porter le nom de citoyens romains.
— 2. Nous dirions aujourd'hui : sur trois, deux sont morts. Mais nous disons encore :
les deux tiers de l'Assemblée.

● **Les caractères** — Si le vieil Horace, chaque fois qu'il paraît, attire
à lui l'attention (c'est le « rôle en or » de la pièce, celui que se disputent
les comédiens), c'est parce que, tout en ayant un ton sans réplique, il
est en même temps très complexe : humain, orgueilleux, naïf, fanatique...
— Il a tendance à mépriser les femmes (v. 680 et suiv.; voir aussi *les
Thèses*, p. 67), mais il comprend la douleur de Sabine et Camille;
— il aime les Curiaces mais peut *les regarder comme* des *ennemis*
(v. 961);
— il chérit profondément ses fils, mais il les aurait châtiés *hautement*
(v. 969) s'ils avaient accepté d'être remplacés par d'autres combattants
pour ne pas avoir à tuer leurs beaux-frères;
— il souhaite que le fratricide n'ait pas lieu (v. 971-972), mais il n'imagine pas une seconde que ce soient ses fils qui puissent être remplacés :
Albe, seule, devrait faire un autre choix;
— il respecte les dieux (v. 979), mais d'autant plus facilement qu'il
peut, en invoquant leur volonté, se laver les mains d'un combat qu'il
sait criminel;
— il n'a pas de haine, mais il imagine avec exaltation une future domination de Rome par la force seule, par la crainte (v. 988), faisant
trembler *tout l'univers* (v. 989).

LE VIEIL H. — Ô d'un triste combat effet vraiment funeste !
Rome est sujette d'Albe, et pour l'en garantir
Il n'a pas employé jusqu'au dernier soupir !
Non, non, cela n'est point, on vous trompe, Julie ;
1000 Rome n'est point sujette, ou mon fils est sans vie :
Je connais mieux mon sang, il sait mieux son devoir.

JULIE. — Mille, de nos remparts, comme moi l'ont pu voir [1].
Il s'est fait admirer tant qu'ont duré ses frères [2] ;
Mais, comme il s'est vu seul contre trois adversaires,
1005 Près d'être enfermé d'eux, sa fuite l'a sauvé.

LE VIEIL H. — Et nos soldats trahis ne l'ont point achevé ?
Dans leurs rangs à ce lâche ils ont donné retraite ?

JULIE. — Je n'ai rien voulu voir après cette défaite.

CAMILLE. — Ô mes frères !

LE VIEIL H. — Tout beau [3], ne les pleurez pas tous ;
1010 Deux jouissent d'un sort dont leur père est jaloux.
Que des plus nobles fleurs leur tombe soit couverte ;
La gloire de leur mort m'a payé de leur perte :
Ce bonheur a suivi leur courage invaincu,
Qu'[4]ils ont vu Rome libre autant qu'ils ont vécu
1015 Et ne l'auront point vue obéir qu'[5]à son prince,
Ni d'un État voisin devenir la province.
Pleurez l'autre, pleurez l'irréparable affront
Que sa fuite honteuse imprime à notre front ;
Pleurez le déshonneur de toute notre race,
1020 Et l'opprobre [6] éternel qu'il laisse au nom d'Horace.

JULIE. — Que vouliez-vous qu'il fît contre trois ?

LE VIEIL H. — Qu'il mourût,
Ou qu'un beau désespoir alors le secourût.
N'eût-il que d'un moment reculé sa défaite,
Rome eût été du moins un peu plus tard sujette ;
1025 Il eût avec honneur laissé mes cheveux gris,
Et c'était de sa vie un assez digne prix.
Il est de tout son sang comptable [7] à sa patrie ;
Chaque goutte épargnée a sa gloire flétrie [8] ;
Chaque instant de sa vie, après ce lâche tour,

---

1. Voir le v. 254. — 2. Julie interprète les événements à sa façon, en les faussant comme d'habitude : voir *la Construction dramatique*, p. 71. — 3. Locution qui était encore du style tragique au XVIIe s. et que Corneille emploie souvent. — 4. La proposition *qu'ils ont vu...* est apposition de *ce bonheur* ; aujourd'hui, nous remplacerions *qu'* par *à savoir qu'*... ou tout simplement par deux points. — 5. La tournure sera condamnée par Vaugelas et remplacée par celle-ci : ne l'auront vue obéir qu'à son prince. Mais le vers de Corneille a un sens plus fort ; il signifie : ne l'auront vue obéir à personne, si ce n'est à son prince. — 6. Flétrissure ignominieuse. — 7. Il doit rendre compte de tout son sang. — 8. Voir le v. 964.

● **L'unité vivante d'un caractère complexe** — Trois sentiments habitent le cœur du Vieil Horace : l'amour paternel, l'amour de Rome, l'honneur de sa race. Ils sont tellement profonds en lui que, même lorsque l'un semble étouffé par les deux autres, il se manifeste pourtant. On ne peut les isoler. Essayez de le montrer en discutant ces quatre interprétations des célèbres vers 1021-1022 :

① « Notre versification trop gênante engage souvent nos meilleurs poètes tragiques à faire des vers chargés d'épithètes pour attraper la rime. Pour faire un bon vers, on l'accompagne d'un autre vers faible qui le gâte... » (Fénelon, qui cite les deux vers dans sa *Lettre à l'Académie*.)

② « Voilà ce fameux *Qu'il mourût*, ce trait du plus grand sublime, ce mot auquel il n'en est aucun de comparable dans toute l'antiquité. Tout l'auditoire fut si transporté qu'on n'entendit jamais le vers *faible* qui suit » (Voltaire, *Commentaire de Corneille*).

③ « Je n'appelle *faible* que ce qui est au-dessous de ce qu'on doit sentir et exprimer. Le vieil Horace devait-il s'arrêter sur le mot *qu'il mourût* ? Il est beau pour un Romain, mais il est dur pour un père. C'est Rome qui a prononcé le *Qu'il mourût*. C'est la nature qui, ne renonçant jamais à l'espérance, ajoute tout de suite : *Ou qu'un beau désespoir alors le secourût*. Je veux bien que Rome soit ici plus sublime que la nature; cela doit être, mais la nature n'est pas faible quand elle dit ce qu'elle doit dire » (La Harpe, *Cours de littérature*).

④ « Je ne crois pas que La Harpe ait compris la situation historique ni la pensée de Corneille, et il me semble qu'il lui fait dire tout le contraire de ce qu'il a voulu. Ce *qu'il mourût* est inspiré par l'honneur étroit de la famille : plutôt la mort que la honte du nom d'Horace. Ne l'explique-t-il pas clairement?

> Pleurez l'autre, pleurez *l'irréparable affront*
> Que sa fuite honteuse *imprime à notre front* (v. 1017-1018).
> Il eût *avec honneur laissé mes cheveux gris* (v. 1025).
> Que n'a-t-on vu périr *en lui le nom d'Horace* ! (v. 1080)

Loin donc que ce soit Rome qui parle ici, c'est l'honneur de la *gens* Horatia. Puis le vieil Horace songe que la mort de son troisième fils amènerait la victoire d'Albe, et c'est bien plutôt Rome que la nature qui lui fait dire : *Ou qu'un beau désespoir alors le secourût...* » (P. Desjardins, *Corneille*).

« Si j'osais ajouter aux mots des interprètes », je dirais que c'est tout à la fois le père, le Romain et le responsable de l'honneur du nom qui disent le premier et le second vers (1021-1022) :
— d'abord un cri désespéré : tout valait mieux que la honte jetée sur lui, sur moi, sur notre race, sur Rome;
— puis une réflexion rappelant l'idée exprimée par Horace au v. 385 : « Qui veut mourir ou vaincre est vaincu rarement. » Avec l'énergie du désespoir, mon fils pouvait tout sauver : sa vie, son honneur, le nôtre, la liberté de Rome.

⑤ Comparez les vers 1023-1024 aux vers 387-388.

⑥ Que pensez-vous des sentiments qui s'expriment dans les vers 1012 d'une part, 1025-1026 d'autre part ? Rapprochez-les des vers 1162-1163.

1080 Met d'autant plus ma honte avec la sienne au jour.
J'en [1] romprai bien le cours, et ma juste colère,
Contre un indigne fils usant des droits d'un père,
Saura bien faire voir dans sa punition
L'éclatant désaveu d'une telle action.

SABINE. —1035 Écoutez un peu moins ces ardeurs généreuses,
Et ne nous rendez point tout à fait malheureuses.

LE VIEIL H. — Sabine, votre cœur se console aisément;
Nos malheurs jusqu'ici vous touchent faiblement.
Vous n'avez point encor de part à nos misères :
1040 Le Ciel vous a sauvé votre époux et vos frères;
Si nous sommes sujets, c'est de votre pays;
Vos frères sont vainqueurs quand nous sommes trahis;
Et, voyant le haut point où leur gloire se monte,
Vous regardez fort peu ce qui nous vient de honte.
1045 Mais votre trop d'amour pour cet infâme époux
Vous donnera bientôt à plaindre [2] comme à nous.
Vos pleurs en sa faveur sont de faibles défenses :
J'atteste des grands Dieux les suprêmes puissances
Qu'avant ce jour fini [3] ces mains, ces propres mains
1050 Laveront dans son sang la honte des Romains.

SABINE. — Suivons-le promptement, la colère l'emporte.
Dieux! verrons-nous toujours des malheurs de la sorte?
Nous faudra-t-il toujours en craindre de plus grands,
Et toujours redouter la main de nos parents?

---

1. *En* a pour antécédent *sa vie* (v. 1029).— 2. Vous donnera sujet de vous lamenter (*plaindre* est ici intransitif). — 3. Tournure latine : avant la fin de ce jour.

◀ Hubert Gignoux
dans le rôle du
vieil Horace.
Mise en scène
d'Hubert Gignoux,
Strasbourg (1962)

2 ph. © *Nicolas Treatt - Photeb.*

HORACE mis en scène
par Hubert Gignoux à
Strasbourg (1962)
▼

HORACE à la Comédie-Française (1954)

ACTE IV

Scène I. — LE VIEIL HORACE, CAMILLE.

LE VIEIL H.-[1055]Ne me parlez jamais en faveur d'un infâme;
Qu'il me fuie à l'égal des frères [1] de sa femme :
Pour conserver un sang qu'il tient si précieux [2],
Il n'a rien fait encore s'il n'évite mes yeux.
Sabine y peut mettre ordre, ou derechef [3] j'atteste
[1060] Le souverain pouvoir de la troupe céleste...

CAMILLE. — Ah! mon père, prenez un plus doux sentiment;
Vous verrez Rome même en user autrement,
Et de quelque malheur que le Ciel l'ait comblée,
Excuser la vertu sous le nombre accablée.

LE VIEIL H.-[1065]Le jugement de Rome est peu pour mon regard,
Camille; je suis père, et j'ai mes droits à part.
Je sais trop comme [4] agit la vertu véritable :
C'est sans en triompher que le nombre l'accable [5];
Et sa mâle vigueur, toujours en même point,
[1070] Succombe sous la force et ne lui cède point.
Taisez-vous, et sachons ce que nous veut Valère.

Scène II. — LE VIEIL HORACE, VALÈRE, CAMILLE.

VALÈRE. — Envoyé par le Roi pour consoler un père,
Et pour lui témoigner...

LE VIEIL H. — N'en prenez aucun soin :
C'est un soulagement dont je n'ai pas besoin;
[1075] Et j'aime mieux voir morts que couverts d'infamie [6]
Ceux que vient de m'ôter une main ennemie.
Tous deux pour leur pays sont morts en gens d'honneur;
Il [7] me suffit.

VALÈRE. — Mais l'autre est un rare bonheur;
De tous les trois chez vous il doit tenir la place.

LE VIEIL H.-[1080] Que n'a-t-on vu périr en lui le nom d'Horace [8]!

---

1. Qu'il me fuie comme il a fui les frères de sa femme. — 2. Tient pour si précieux (*précieux* est attribut du complément d'objet direct *sang*).—3. De nouveau. — 4. Comment. — 5. Le vieil Horace rectifie l'idée exprimée par Camille au v. 1064. — 6. C'est le sentiment qu'exprime le proverbe latin *Potius mori quam fœdari* : plutôt la mort que la souillure. On peut évoquer aussi Blanche de Castille disant au futur Saint Louis : « Mon fils, j'aimerais mieux vous voir mort à mes pieds que coupable d'un seul péché mortel. » — 7. Cela. — 8. Ce vers est commenté par P. Desjardins, p. 79.

VALÈRE. — Seul, vous le maltraitez après ce qu'il a fait.

LE VIEIL H. — C'est à moi seul aussi de punir son forfait.

VALÈRE. — Quel forfait trouvez-vous en sa bonne [1] conduite ?

LE VIEIL H. — Quel éclat de vertu trouvez-vous en sa fuite ?

VALÈRE. —1085 La fuite est glorieuse en cette occasion.

LE VIEIL H. — Vous redoublez ma honte et ma confusion.
　　　Certes, l'exemple est rare et digne de mémoire
　　　De trouver dans la fuite un chemin à la gloire.

VALÈRE. — Quelle confusion et quelle honte à vous
　　　1090 D'avoir produit un fils qui nous conserve [2] tous,
　　　Qui fait triompher Rome et lui gagne un empire ?
　　　A quels plus grands honneurs faut-il qu'un père aspire ?

LE VIEIL H. — Quels honneurs, quel triomphe, et quel empire enfin,
　　　Lorsqu'Albe sous ses lois range notre destin ?

VALÈRE. —1095 Que parlez-vous ici d'Albe et de sa victoire ?
　　　Ignorez-vous encor la moitié de l'histoire ?

LE VIEIL H. — Je sais que par sa fuite il a trahi l'État.

VALÈRE. — Oui, s'il eût en fuyant terminé le combat ;
　　　Mais on a bientôt vu qu'il ne fuyait qu'en homme
　　　1100 Qui savait ménager l'avantage de Rome.

LE VIEIL H. — Quoi ! Rome donc triomphe ?

VALÈRE. — 　　　　　　　　　Apprenez, apprenez
　　　La valeur de ce fils qu'à tort vous condamnez.
　　　Resté seul contre trois, mais en cette aventure
　　　Tous trois étant blessés, et lui seul sans blessure,
　　　1105 Trop faible pour eux tous, trop fort pour chacun d'eux,
　　　Il sait bien se tirer d'un pas si dangereux ;
　　　Il fuit pour mieux combattre, et cette prompte ruse
　　　Divise adroitement trois frères qu'elle abuse.
　　　Chacun le suit d'un pas ou plus ou moins pressé,
　　　1110 Selon qu'il se rencontre ou plus ou moins blessé ;
　　　Leur ardeur est égale à poursuivre sa fuite ;
　　　Mais leurs coups [3] inégaux séparent leur poursuite.

---

1. Noble, courageuse : voir le v. 468. — 2. Sauve. — 3. Les coups, les blessures qu'ils ont reçus.

■■

● **L'action** — Il s'est écoulé peu de temps entre l'acte III et l'acte IV : aucune nouvelle n'est parvenue dans la maison refermée sur elle-même. Accablé de honte, le vieil Horace ne peut songer à sortir : il tourne et retourne dans sa demeure, cherchant ce qu'il doit faire. Il est revenu dans la grande salle, et c'est Camille maintenant qui le supplie. Sabine a compris qu'elle était la plus mal placée pour obtenir quelque chose : elle est la femme du traître, et elle est Albaine ! elle laisse agir Camille.

● **Les caractères** ① A quoi était résolu le vieil Horace à la fin de l'acte III? Qu'accepte-t-il maintenant, en fait, dans la courte scène avec Camille. Que pensez-vous de cette évolution?

● **Le quiproquo** — En quoi consiste, exactement, un quiproquo? Pour expliquer le terme, cherchez-en l'étymologie. Un seul mot suffit ici à le provoquer. Quel mot? Pourquoi le vieil Horace, tout de suite (v. 1073), interrompt-il Valère? De quoi veut-il que Valère lui parle, uniquement? Cependant, Valère, sans raconter les faits (il ne peut supposer que le vieil Horace les ignore), donne des appréciations de plus en plus claires, de plus en plus étonnées. Comment peut-on s'expliquer que le vieil Horace ne comprenne pas plus vite? Est-ce vraisemblable?

— Lorsqu'on croit profondément quelque chose, à plus forte raison lorsqu'on est obsédé par une idée, une crainte, un sentiment (même très pénible), on comprend toujours avec beaucoup de peine, et parfois l'on ne comprend pas du tout les arguments les plus simples; on est aveugle aux constatations les plus évidentes ou on les interprète de façon absurde.

— Le vieil Horace est persuadé que sa famille est couverte de honte, désignée au mépris de tous. Or, il a quelques raisons de penser que Valère puisse être tout spécialement mal disposé à son égard : n'oubliez pas que Valère, simple chevalier, s'est vu préférer Curiace, gentilhomme albain : voir p. 15. Les répliques de Valère (*l'autre est un rare bonheur*, v. 1078; *la fuite est glorieuse en cette occasion*, v. 1085) peuvent donc apparaître au vieil Horace comme la moquerie d'un homme qu'il a humilié, et qui se venge.

② Selon vous, pourquoi Valère s'est-il fait désigner par le roi pour cette mission auprès du vieil Horace?

— Les lois de la vraisemblance ne sont pas exactement les mêmes au théâtre et dans la réalité. Les auteurs dramatiques prolongent souvent les quiproquos au-delà de ce qui est strictement naturel sans que cela paraisse choquant (Corneille, en particulier, l'avait déjà fait dans le cinquième acte du *Cid :* persuadée que Don Sanche a tué Rodrigue, Chimène met très longtemps à comprendre qu'il n'en est rien).

● **Le travail du style**
Corneille avait d'abord écrit, pour les vers 1097-1099 :

LE VIEIL H. — *Le combat par sa faute est-il pas terminé?*
VALÈRE. — *Albe ainsi quelque temps se l'est imaginé,*
Mais elle a bientôt vu que c'était fuir en homme
Qui savait ménager l'avantage de Rome.

Relisez maintenant la version définitive et voyez avec quel bonheur Corneille s'est corrigé : il a remplacé l'interrogation trop naïve du vieil Horace par une affirmation nette, témoignant d'une obsession encore inébranlée : son fils a trahi; et il a rendu plus exacte et plus forte la réponse décisive de Valère (car les Albains n'étaient pas seuls à s'être trompés comme Valère le dit dans la première version : les Romains aussi avaient jugé trop vite).

Horace, les voyant l'un de l'autre écartés,
Se retourne, et déjà les croit demi domptés.
1115 Il attend le premier, et c'était votre gendre [1].
L'autre, tout indigné qu'il ait osé l'attendre,
En vain en l'attaquant fait paraître un grand cœur;
Le sang qu'il a perdu ralentit sa vigueur.
Albe à son tour commence à craindre un sort contraire;
1120 Elle crie au second qu'il secoure son frère :
Il se hâte et s'épuise en efforts superflus;
Il trouve en les joignant [2] que son frère n'est plus.

CAMILLE. — Hélas!

VALÈRE. —   Tout hors d'haleine il prend pourtant sa place,
Et redouble bientôt la victoire d'Horace :
1125 Son courage sans force est un débile appui;
Voulant venger son frère, il tombe auprès de lui.
L'air résonne des cris qu'au Ciel chacun envoie;
Albe en jette d'angoisse, et les Romains de joie.
Comme notre héros se voit près d'achever,
1130 C'est peu pour lui de vaincre, il veut encor braver :
« J'en viens d'immoler deux aux mânes [3] de mes frères;
Rome aura le dernier de mes trois adversaires,
C'est à ses intérêts que je vais l'immoler »,
Dit-il; et tout d'un temps [4] on le voit y voler.
1135 La victoire entre eux deux n'était pas incertaine;
L'Albain percé de coups ne se traînait qu'à peine,
Et, comme une victime aux marches de l'autel,
Il semblait présenter sa gorge au coup mortel :
Aussi le reçoit-il, peu s'en faut, sans défense,
1140 Et son trépas de Rome établit la puissance.

LE VIEIL H. — Ô mon fils! ô ma joie! ô l'honneur de nos jours!
Ô d'un État penchant [5] l'inespéré secours!
Vertu digne de Rome, et sang digne d'Horace!
Appui de ton pays, et gloire de ta race!
1145 Quand pourrai-je étouffer dans tes embrassements
L'erreur dont j'ai formé de si faux sentiments [6]?
Quand pourra mon amour baigner avec tendresse
Ton front victorieux de larmes d'allégresse [7]?

---

1. Votre futur gendre, comme aux v. 258 et 259. — 2. Rejoignant : voir p. 40, n. 8. — 3. Les âmes des morts. On offrait effectivement à Rome de nombreux sacrifices aux mânes (pour leur anniversaire, et aussi pendant les neuf jours des *Feralia* en février, pendant les six jours des *Lemuria* en mai). Mais est-ce vraiment pour les mânes qu'Horace a tué les deux premiers Curiaces? — 4. Aussitôt. — 5. D'un État qui penchait, qui allait à sa ruine: Rome aurait cessé d'exister en tant qu'État, si le troisième Horace avait été vaincu. — 6. L'erreur qui m'avait fait concevoir (pour toi) des sentiments si injustes. — 7. Inversion assez difficile : *larmes* est complément du verbe *baigner*.

●●●

● **Le récit intégré dans l'action** — Avant d'étudier le récit de Valère, relisez celui de Tite-Live (p. 23). Corneille le suit de très près, mais d'une part il lui donne, par son art du vers, une « présence » bien plus dramatique ; d'autre part, il y continue la peinture psychologique de ses héros : Horace, Curiace, Valère même. Le récit n'est pas un hors-d'œuvre, il est intégré dans la pièce.

● **L'art de Corneille** — Les trois premiers vers (1103-1105) rappellent au vieil Horace une situation que celui-ci connaît, mais ils ne sont aucunement superflus. Coupés chacun à la césure, exactement symétriques, ils nous indiquent par le rythme même que les chances de chaque camp, à ce moment, s'équilibrent. Le sort d'Albe et de Rome ne dépend pas du hasard, mais de la décision que va prendre d'un côté Horace, de l'autre le moins blessé des Curiaces, c'est-à-dire celui que nous connaissons, Corneille le précise nettement au v. 1115.

● **La faute de Curiace** — Au lieu de laisser fuir Horace et de se concerter avec ses deux frères sur la manière dont, selon leurs blessures, ils l'entoureront et l'attaqueront avec le plus de chances de succès lorsqu'il reviendra (car il sera obligé de revenir s'ils ne bougent pas, et c'est lui qui sera en état d'infériorité physique et morale : il se sera essoufflé, et l'on croira vraiment qu'il a fui, qu'il ne revient que forcé par les clameurs), — au lieu de prendre cette décision élémentaire, Curiace, sans réfléchir, fonce. Il ne s'arrête même pas lorsqu'Horace se retourne ; et tandis qu'Horace, lui, reprend souffle et l'*attend* (v. 1115), Curiace, fatigué à la fois par la course et par le sang perdu, se jette sur lui : il ne peut pas ne pas être vaincu.
Pourquoi agit-il ainsi ? Corneille nous l'a laissé pressentir à l'acte II : combattant à contre-cœur, Curiace utilise toutes ses forces à se forcer lui-même. N'ayant pas mis ses actes en accord avec ses pensées les plus profondes, obligé de se contraindre très durement, obsédé par la crainte de ne pas suffisamment se battre, il n'a plus l'esprit assez libre pour réfléchir, et il tombe dans le piège le plus grossier, consommant ainsi sa perte et celle des siens.

● **L'héroïsme d'Horace et sa cruauté** — Horace, lui, a gardé son sang-froid, nous venons de le voir. Il a pesé les risques, et son plus grand héroïsme, dans toute la pièce, c'est sans doute d'avoir accepté de paraître réellement un lâche et un traître si jamais les Curiaces ne le suivaient pas, s'il devait revenir sur eux comme malgré lui. Il sait ce qu'il fait, et il le fait bien.
Mais sa cruauté n'est pas moins manifeste, et Corneille l'exprime avec force. Pour son idole (la patrie, l'héroïsme, confondus sous le mot *gloire*), ce fanatique va commettre, sans la moindre hésitation, un véritable « sacrifice humain » (notez les trois mots qui l'indiquent aux v. 1131-1133) ; ce héros tue avec joie un blessé sans défense (dont il pourrait se contenter de prendre les armes pour marquer sa victoire). Il commence ainsi à perdre, dans l'ivresse de sa gloire, le contrôle de lui-même.

① A quoi le sentons-nous (analysez le v. 1131, par ex.) ? Qu'est-ce que cela nous laisse pressentir ?
② Pourquoi Valère ne donne-t-il aucun détail sur le premier combat d'Horace, n'en rapportant que la conclusion, et sous la forme la plus atténuée possible ?

●●●

VALÈRE.　— Vos caresses bientôt pourront se déployer :
1150　Le Roi dans un moment vous le va [1] renvoyer,
　　　Et remet à demain la pompe qu'il prépare
　　　D'un sacrifice aux Dieux pour un bonheur si rare;
　　　Aujourd'hui seulement on s'acquitte vers [2] eux
　　　Par des chants de victoire et par de simples vœux.
1155　C'est où le Roi le mène, et tandis [3] il m'envoie
　　　Faire office vers [4] vous de douleur et de joie [5].
　　　Mais cet office encor n'est pas assez pour lui;
　　　Il y viendra lui-même et peut-être aujourd'hui :
　　　Il croit mal reconnaître une vertu si pure,
1160　Si de sa propre bouche il ne vous en assure,
　　　S'il ne vous dit chez vous combien vous doit l'État.

LE VIEIL H.　— De tels remerciements ont pour moi trop d'éclat,
　　　Et je me tiens déjà trop payé par les vôtres
　　　Du service d'un fils et du sang des deux autres.

VALÈRE.　—1165 Il ne sait ce que c'est d'honorer à demi;
　　　Et son sceptre arraché [6] des mains de l'ennemi
　　　Fait qu'il tient cet honneur qu'il lui plaît de vous faire
　　　Au-dessous du mérite et du fils et du père.
　　　Je vais lui témoigner quels nobles sentiments
1170　La vertu vous inspire en tous vos mouvements,
　　　Et combien vous montrez d'ardeur pour son service.

LE VIEIL H.　— Je vous devrai beaucoup pour un si bon office.

Scène III. — LE VIEIL HORACE, CAMILLE.

LE VIEIL H.　— Ma fille, il n'est plus temps de répandre des pleurs,
　　　Il sied mal d'en verser où l'on voit tant d'honneurs :
1175　On pleure injustement des pertes domestiques [7],
　　　Quand on en voit sortir des victoires publiques.
　　　Rome triomphe d'Albe, et c'est assez pour nous;
　　　Tous nos maux à ce prix doivent nous être doux.
　　　En la mort d'un amant vous ne perdez qu'un homme
1180　Dont la perte est aisée à réparer dans Rome;
　　　Après cette victoire, il n'est point de Romain
　　　Qui ne soit glorieux de vous donner la main :
　　　Il me faut à Sabine en porter la nouvelle;

---

1. Voir le v. 254. — 2. Envers. — 3. *Tandis* est adverbe : pendant ce temps. — 4. Envers. — 5. Remplir, près de vous, au nom du roi, l'*office* de prendre part à votre douleur et à votre joie. — 6. Tournure latine : le fait qu'Horace ait arraché le sceptre royal des mains de l'ennemi, c'est-à-dire sauvé la royauté de Rome. — 7. Familiales *(domus)*.

Ce coup sera sans doute assez rude [1] pour elle,
1185 Et ses trois frères morts [2] par la main d'un époux
Lui donneront des pleurs plus justes qu'à vous ;
Mais j'espère aisément en dissiper l'orage,
Et qu'un peu de prudence aidant son grand courage
Fera bientôt régner sur un si noble cœur
1190 Le généreux amour qu'elle doit au vainqueur.
Cependant étouffez cette lâche tristesse ;
Recevez-le, s'il vient, avec moins de faiblesse ;
Faites-vous voir sa sœur, et qu'en un même flanc
Le Ciel vous a tous deux formés d'un même sang.

1. Il y a ici une litote. — 2. Même tournure latine qu'au v. 1166.

● **Les caractères** — « Dans LE VIEIL HORACE l'amour paternel éclate surtout quand, d'accord avec le devoir, il n'a plus à se contraindre [...] il pleure sans vouloir se cacher, ce vieux Romain qui, au départ de ses fils, s'accusait d'avoir des larmes aux yeux : il pleure, et ses larmes de joie nous touchent plus encore que ses larmes d'inquiétude, parce qu'elles nous découvrent le fond de cet amour paternel qui jusque-là se dérobait à nos yeux avec une sorte de pudeur » (Saint-Marc Girardin, 1801-1873).

① Mais, à côté de cette fierté paternelle si belle, si poignante, Corneille nous montre aussi, chez le vieil Horace, des sentiments moins nobles : que pensez-vous des v. 1163-4, lorsque vous les rapprochez des v. 1012, 1025-1026, 1178 ?

Le vieil Horace va d'ailleurs commettre ici (sc. 3) une faute psychologique lourde de conséquences.

Uniquement soucieux du bonheur de son fils (qui aime profondément Sabine, il le sait), il a peur que celle-ci ne haïsse son mari désormais, qu'elle ne puisse plus même l'embrasser (parce qu'elle verra toujours en lui l'assassin de ses trois frères, parce qu'il lui fera horreur [1]). Il se presse donc d'aller avertir Sabine (v.1183), espérant la persuader *aisément* (v. 1187) de garder *au vainqueur* (v. 1190) *le généreux amour qu'elle* lui *doit*. Et il laisse Camille, ne se doutant pas qu'elle est mille fois plus dangereuse pour son fils, et qu'il vient précisément de l'irriter encore, de l'ulcérer par des consolations incompréhensives (v. 1175-1176).

② Quels sentiments attribue-t-il à Camille? De quoi la menace-t-il en croyant la consoler? Que signifie le v. 1173, éclairé par les v. 1179-1180? Comparez l'attitude du vieil Horace à celle de Don Diègue conseillant à Rodrigue d'oublier Chimène pour un autre amour : « Nous n'avons qu'un honneur, il est tant de maîtresses » (voir *le Cid*, éd. Bordas, III, 6, v. 1058).

1. Elle le dira très précisément aux v. 1615-1616 :
Quelle horreur d'embrasser un homme dont l'épée
De toute ma famille a la trame coupée !

Scène IV. — CAMILLE.

1195 Oui, je lui ferai voir, par d'infaillibles marques,
Qu'un véritable amour brave la main des Parques [1],
Et ne prend point de lois de ces cruels tyrans
Qu'un astre injurieux [2] nous donne pour parents.
Tu blâmes ma douleur, tu l'oses nommer lâche;
1200 Je l'aime d'autant plus que plus elle te fâche,
Impitoyable père, et par un juste effort
Je la veux rendre égale aux rigueurs de mon sort.
    En vit-on jamais un dont les rudes traverses [3]
Prissent en moins de rien tant de faces diverses?
1205 Qui fût doux tant de fois, et tant de fois cruel,
Et portât tant de coups avant le coup mortel?
Vit-on jamais une âme en un jour plus atteinte
De joie et de douleur, d'espérance et de crainte,
Asservie en esclave à plus d'événements,
1210 Et le piteux [4] jouet de plus de changements?
Un oracle m'assure [5], un songe me travaille [6];
La paix calme l'effroi que me fait la bataille;
Mon hymen se prépare, et presque en un moment
Pour combattre mon frère on choisit mon amant;
1215 Ce choix me désespère, et tous le désavouent;
La partie est rompue, et les Dieux la renouent;
Rome semble vaincue, et seul des trois Albains,
Curiace en mon sang n'a point trempé ses mains.
Ô Dieux! sentais-je alors des douleurs trop légères
1220 Pour le malheur de Rome et la mort de deux frères?
Et me flattais-je trop quand je croyais pouvoir
L'aimer encor sans crime et nourrir quelque espoir?
Sa mort m'en punit bien, et la façon cruelle
Dont mon âme éperdue en reçoit la nouvelle:
1225 Son rival me l'apprend, et faisant à mes yeux
D'un si triste succès [7] le récit odieux,
Il porte sur le front une allégresse ouverte,
Que le bonheur public fait bien moins que ma perte [8];
Et bâtissant en l'air sur le malheur d'autrui,
1230 Aussi bien que mon frère il triomphe de lui.

---

1. Les Parques, aux Enfers, tissaient la destinée des hommes. La troisième en particulier, Atropos, coupait le fil de la vie. Braver *la main des Parques* signifie donc: braver la mort, l'affronter courageusement. — 2. Qui ne se soucie aucunement de justice. — 3. Obstacles, malheurs: voir le v. 95. — 4. Digne de pitié. — 5. Me rassure: voir p. 40, n. 8. — 6. Me tourmente, me torture: voir le v. 194. — 7. L'issue, favorable ou non, d'une action. — 8. La perte que j'ai subie, c'est-à-dire la mort de mon amant.

Mais ce n'est rien encore au prix de [1] ce qui reste :
On demande ma joie en un jour si funeste;
Il me faut applaudir aux exploits du vainqueur
Et baiser une main qui me perce le cœur.
1235 En un sujet de pleurs si grand, si légitime,
Se plaindre est une honte, et soupirer un crime;
Leur brutale vertu veut qu'on s'estime heureux,
Et si l'on n'est barbare, on n'est point généreux [2].
Dégénérons, mon cœur, d'un si vertueux père;
1240 Soyons indigne sœur d'un si généreux frère :
C'est gloire de passer pour un cœur abattu,
Quand la brutalité [3] fait la haute vertu.
Éclatez, mes douleurs : à quoi bon vous contraindre ?
Quand on a tout perdu, que saurait-on plus craindre ?
1245 Pour ce cruel vainqueur n'ayez point de respect;
Loin d'éviter ses yeux, croissez à son aspect;
Offensez sa victoire, irritez sa colère,
Et prenez, s'il se peut, plaisir à lui déplaire.
Il vient : préparons-nous à montrer constamment [4]
1250 Ce que doit une amante à la mort d'un amant.

---

1. En comparaison de. — 2. De race noble; le *Dégénérons* de Camille (v. 1239) exprime donc, par une sorte de jeu de mots tragique, sa volonté de ne plus faire partie de la famille (la *gens*) des Horaces (cf. v. 1197-8), de cette famille où l'on appelle *vertu* la barbarie, où l'on interdit à une « amante » de pleurer son « amant ». — 3. Sens fort : férocité inhumaine. — 4. De façon inébranlable.

● **L'interprétation de Rachel** — Rachel, une des plus célèbres tragédiennes du XIXe siècle (1820-1858), jouait ainsi la scène 2 de l'acte IV : après l'*hélas* du vers 1123, par un très pénible travail musculaire, elle arrivait à figurer « comme un état d'insensibilité, et l'on suivait une sorte de décomposition sur sa figure ». Elle tombait finalement, pâmée, sur un siège, et demeurait ainsi évanouie jusqu'à la fin de la scène.
① Que pensez-vous de cette interprétation? Vous paraît-elle compatible avec ce que nous révèle la scène 4 sur les réactions de Camille?

● **Les monologues tragiques** — Le monologue de Sabine, au début de l'acte III, était un morceau de bravoure inutile. Celui-ci est nécessaire, et vous le montrerez. Que veut obtenir Camille d'elle-même, en s'obligeant (v. 1201-1202) à repasser dans son esprit tout ce qu'elle a vécu depuis la veille?
② Dites, avec précision, ce qu'elle a décidé finalement, à la fin de la scène; ce qu'elle n'a pas vu encore.
③ Camille nous apprend (v. 1218) que Curiace ne fut pour rien dans la mort des deux Horaces. Il apparaît donc comme le responsable de la défaite albaine. Commentez, à ce propos, cet aphorisme de Nietzsche : « Un homme ne doit pas être un problème, mais une solution. »

SCÈNE V. — HORACE, CAMILLE, PROCULE.

(Procule porte en sa main les trois épées des Curiaces.)

HORACE. — Ma sœur, voici le bras qui venge nos deux frères,
Le bras qui rompt le cours de nos destins contraires,
Qui nous rend maîtres d'Albe; enfin voici le bras
Qui seul fait aujourd'hui le sort de deux États;
1255 Vois [1] ces marques d'honneur, ces témoins de ma gloire,
Et rends ce que tu dois à l'heur [2] de ma victoire.

CAMILLE. — Recevez donc mes pleurs, c'est ce que je lui dois.

HORACE. — Rome n'en veut point voir après de tels exploits,
Et nos deux frères morts dans le malheur des armes
1260 Sont trop payés de sang pour exiger des larmes :
Quand la perte est vengée, on n'a plus rien perdu.

CAMILLE. — Puisqu'ils sont satisfaits par le sang épandu,
Je cesserai pour eux de paraître affligée,
Et j'oublierai leur mort que vous avez vengée.
1265 Mais qui me vengera de celle d'un amant,
Pour me faire oublier sa perte en un moment ?

HORACE. — Que dis-tu, malheureuse ?

CAMILLE. —   Ô mon cher Curiace!

HORACE. — Ô d'une indigne sœur insupportable audace !
D'un ennemi public [3] dont je reviens vainqueur
1270 Le nom est dans ta bouche et l'amour dans ton cœur!
Ton ardeur criminelle à la vengeance aspire!
Ta bouche la demande, et ton cœur la respire!
Suis moins ta passion, règle mieux tes désirs,
Ne me fais plus rougir d'entendre tes soupirs;
1275 Tes flammes désormais doivent être étouffées;
Bannis-les de ton âme, et songe à mes trophées [4] :
Qu'ils soient dorénavant ton unique entretien.

CAMILLE. — Donne-moi donc, barbare, un cœur comme le tien;
Et si tu veux enfin que je t'ouvre mon âme,
1280 Rends-moi mon Curiace ou laisse agir ma flamme :

---

1. Horace montre à Camille les épées et les insignes militaires dont il a dépouillé le corps des Curiaces, et qui constituent ses *trophées* (le mot sera employé au v. 1276) de vainqueur. Un guerrier, Procule, est chargé de les porter. — 2. Bonheur : voir le v. 58. — 3. Ennemi de la patrie : équivalent du mot latin *hostis*, qui s'oppose à *in-imicus*, ennemi personnel. — 4. Voir la n. 1.

Ma joie et mes douleurs dépendaient de son sort;
Je l'adorais vivant, et je le pleure mort.
    Ne cherche plus ta sœur où tu l'avais laissée;
Tu ne revois en moi qu'une amante offensée,
1285 Qui, comme une furie [1] attachée à tes pas,
Te veut incessamment reprocher son trépas.
Tigre altéré de sang, qui me défends les larmes,
Qui veux que dans sa mort je trouve encor des charmes,
Et que, jusques au Ciel élevant tes exploits,
1290 Moi-même je le tue une seconde fois!
Puissent tant de malheurs accompagner ta vie
Que tu tombes au point de me porter envie;
Et toi, bientôt souiller par quelque lâcheté
Cette gloire si chère à ta brutalité!

---

1. Les Furies étaient les filles de Saturne, chargées de poursuivre les criminels en leur rappelant sans cesse leur crime, avec des larmes de sang dans les yeux.

● **L'unité d'action** — Un certain nombre de critiques (Voltaire en particulier) ont affirmé que nous sommes ici au cœur d'une seconde tragédie, différente de la première. En fait, le meurtre de Camille est exigé par tout ce qui précède, il en est la suite logique, indispensable, et nous l'attendons. Étant donné le caractère des personnages, les suites du combat nous intéressent tout autant que le combat lui-même. Gustave Lanson (*Histoire de la littérature française*, 1894) a bien mis en lumière cette unité d'action :
① « La pièce dont l'ajustement fait le plus honneur au génie de Corneille, c'est *Horace :* pour tirer parti de la belle et ingrate matière que lui fournissait Tite-Live, il a fallu que, par un coup de génie, il fît du meurtre, du crime, le point culminant du drame, que toute l'action y tendît, s'y adaptât, et tous les caractères. De là cette si vraie et originale composition d'Horace et de Camille... dont le meurtre de Camille sera la résultante nécessaire. »
La pièce dont d'ailleurs d'accord avec la psychologie. « On ne peut comprendre les origines de Rome, rappelle Étiemble (*Les Temps modernes*, août 1950) après G. Dumézil (*Horace et les Curiaces*, 1942), sans les rattacher aux mythes indo-européens dont elles fournissent la version laïcisée. Le Guerrier, lorsqu'il revient du combat, ivre de la « fureur » sacrée, doit rencontrer la Femme, et épuiser sur elle cette « fureur » qui serait trop dangereuse pour la société civile dans laquelle il doit maintenant se réintégrer. »
Qu'on se place au point de vue mythique, psychologique ou moral donc, cette scène du meurtre de Camille est indispensable à la pièce. Elle achève le portrait d'Horace et de Camille, dégage les conséquences du fanatisme comme de la passion, conserve ce qu'il y avait de juste expérience dans les mythes anciens.

HORACE. — [1295] Ô Ciel ! qui vit jamais une pareille rage ?
Crois-tu donc que je sois insensible à l'outrage,
Que je souffre en mon sang ce mortel déshonneur ?
Aime, aime cette mort qui fait notre bonheur,
Et préfère du moins au souvenir d'un homme
[1300] Ce que doit ta naissance aux intérêts de Rome.

CAMILLE. — Rome, l'unique objet de mon ressentiment !
Rome, à qui vient ton bras d'immoler mon amant !
Rome qui t'a vu naître, et que ton cœur adore !
Rome enfin que je hais parce qu'elle t'honore !
[1305] Puissent tous ses voisins ensemble conjurés
Saper ses fondements encor mal assurés !
Et si ce n'est assez de toute l'Italie,
Que l'Orient contre elle à l'Occident s'allie ;
Que cent peuples unis des bouts de l'univers
[1310] Passent pour la détruire et les monts et les mers !
Qu'elle-même sur soi [1] renverse ses murailles,
Et de ses propres mains déchire ses entrailles !
Que le courroux du Ciel allumé par mes vœux
Fasse pleuvoir sur elle un déluge de feux !
[1315] Puissé-je de mes yeux y voir tomber ce foudre [2],
Voir ses maisons en cendre, et tes lauriers en poudre [3],
Voir le dernier Romain à son dernier soupir,
Moi seule en être cause et mourir de plaisir !

HORACE, *mettant l'épée à la main et poursuivant sa sœur qui s'enfuit,*
— C'est trop, ma patience à la raison fait place ;
[1320] Va dedans les enfers plaindre ton Curiace !

CAMILLE, *blessée derrière le théâtre [4].*
— Ah ! traître !

HORACE, *revenant sur le théâtre.*
— Ainsi reçoive un châtiment soudain
Quiconque ose pleurer un ennemi romain [5] !

Scène VI. — HORACE, PROCULE.

PROCULE. — Que venez-vous de faire ?

HORACE. — Un acte de justice :
Un semblable forfait veut un pareil supplice.

---

1. Sur elle-même ; on n'emploie plus guère *soi* aujourd'hui que pour renvoyer à un sujet indéterminé : « On a souvent besoin d'un plus petit que soi ». — 2. *Foudre* pouvait être masculin ou féminin au XVIIe s. — 3. Poussière. — 4. La scène. Bien que Camille ait souhaité et voulu être tuée par Horace, Corneille explique dans son *Examen* (voir p. 115, l. 6-8), que « la frayeur, si naturelle au sexe, lui doit faire prendre la fuite et recevoir le coup derrière le théâtre ». L'exclamation *Ah ! traître !* est ainsi purement instinctive. — 5. Un ennemi de Rome.

PROCULE. —[1325] Vous deviez la traiter avec moins de rigueur.

HORACE.   — Ne me dis point qu'elle est et mon sang et ma sœur.
Mon père ne peut plus l'avouer [1] pour sa fille :
Qui maudit son pays renonce à sa famille;
Des noms si pleins d'amour ne lui sont plus permis;
[1330] De ses plus chers parents il fait ses ennemis :
Le sang même les arme en haine de son crime [2].
La plus prompte vengeance en [3] est plus [4] légitime;
Et ce souhait impie encore qu'impuissant,
Est un monstre qu'il faut étouffer en naissant.

---

1. La reconnaître. — 2. Nos liens de parenté avec un criminel nous le font haïr davantage encore. — 3. De ce crime. — 4. On ne peut plus, en français moderne, supprimer l'article devant le superlatif attribut.

- **La résolution de Camille** — Malgré les apparences, Camille est de sang-froid : elle s'était exaltée volontairement dans son grand monologue (sc. 4), mais les deux derniers vers (1249-1250) nous montraient qu'elle avait obtenu d'elle une résolution implacable. Elle était prête à faire pour son amour autant que son frère pour Rome, et sa première réponse à Horace dans la sc. 5 (v. 1257) a été une affirmation froide, provocatrice, inébranlable. Aux v. 1291-1294, elle a laissé entendre ce qu'elle va faire pour venger son « amant » : faire *souiller*, par Horace lui-même, cette *gloire si chère* à sa *brutalité*.

- **Les imprécations de Camille** — Voici comment les jouait Rachel (voir p. 91), d'après les *Souvenirs* (1865) de son professeur Samson : « Elle varie l'expression des quatre *Rome* [v. 1301-1304] suivant le sentiment qui s'y est attaché. Au premier *Rome*, elle a un mouvement d'indignation qu'elle exprime sans élever la voix; au second, elle a des larmes arrachées par cette mort que rappellent tous les mots contenus dans ce vers; au troisième, c'est de l'ironie; au quatrième, c'est une explosion. Tout l'effet de ce dernier vers est dans un mot. Il dépend du mot *parce que*. C'est là le mot principal. Rachel y produit un effet merveilleux [...] Les imprécations qui suivent ne partent pas comme la foudre. Souhaitant les malheurs de Rome, elle les cherche, elle les indique, elle les invoque. Ses désirs de vengeance grandissent à mesure que sa passion s'exalte [...] dans un mouvement progressif. »

- **Horace frappe-t-il Camille « par raison » ou « par emportement »?** — Lorsqu'il tire son épée pour tuer Camille, Horace affirme qu'il obéit *à la raison* (v. 1319). Aussitôt après le meurtre, il en donne une justification en forme (v. 1321-1322) : tout Romain qui pleure un ennemi de Rome doit mourir; à plus forte raison tout Romain qui maudit Rome. Aussi, pour Lanson, aucun doute : Horace tue sa sœur « par froide justice ».

  ◆ Mais Corneille, dans son *Examen* (voir p. 115, l. 14), parle de « l'emportement d'un homme passionné pour sa patrie », et le mouvement réel de la scène indique nettement qu'il se domine de moins en moins. Vous le montrerez.

Scène VII. — HORACE, SABINE, PROCULE.

SABINE.

¹³³⁵ A quoi s'arrête ici ton illustre [1] colère ?
Viens voir mourir ta sœur dans les bras de ton père ;
Viens repaître tes yeux d'un spectacle si doux :
Ou, si tu n'es point las de ces généreux coups,
Immole au cher pays des vertueux Horaces
¹³⁴⁰ Ce reste [2] malheureux du sang des Curiaces.
Si prodigue du tien, n'épargne pas le leur ;
Joins Sabine à Camille, et ta femme à ta sœur ;
Nos crimes sont pareils, ainsi que nos misères ;
Je soupire comme elle et déplore [3] mes frères :
¹³⁴⁵ Plus coupable en ce point contre tes dures lois
Qu'elle n'en pleurait qu'un, et que j'en pleure trois,
Qu'après son châtiment ma faute continue.

HORACE.

— Sèche tes pleurs, Sabine, ou les cache [4] à ma vue :
Rends-toi digne du nom de ma chaste moitié,
¹³⁵⁰ Et ne m'accable point d'une indigne pitié.
Si l'absolu pouvoir d'une pudique flamme
Ne nous laisse à tous deux qu'un penser [5] et qu'une âme,
C'est à toi d'élever tes sentiments aux miens,
Non à moi de descendre à la honte des tiens.
¹³⁵⁵ Je t'aime, et je connais la douleur qui te presse [6] ;
Embrasse ma vertu [7] pour vaincre ta faiblesse,
Participe à ma gloire au lieu de la souiller.
Tâche à t'en revêtir, non à m'en dépouiller.
Es-tu de mon honneur si mortelle ennemie
¹³⁶⁰ Que je te plaise mieux couvert d'une infamie ?
Sois plus femme que sœur, et te réglant sur moi,
Fais-toi de mon exemple une immuable loi.

SABINE.

— Cherche pour t'imiter des âmes plus parfaites.
Je ne t'impute point les pertes que j'ai faites,
¹³⁶⁵ J'en ai les sentiments que je dois en avoir,
Et je m'en prends au sort plutôt qu'à ton devoir ;
Mais enfin je renonce à la vertu romaine
Si, pour la posséder, je dois être inhumaine [8],
Et ne puis voir en moi la femme du vainqueur
¹³⁷⁰ Sans y voir des vaincus la déplorable [9] sœur.

---

1. Le terme n'est ni laudatif ni péjoratif au XVIIe s., il signifie : en pleine lumière, éclatant. Molière parle, par exemple, « d'illustres cruautés ». Il n'empêche que le mot est ici d'une ironie amère comme *généreux* (v. 1338) et *vertueux* (v. 1339). — 2. Sabine se montre elle-même : *ce* correspond ici au démonstratif latin de la 1re personne. — 3. *Déplore* admet, au XVIIe s., un nom de personne complément d'objet. — 4. Cache-les : voir le v. 422. — 5. Doit faire que nous n'ayons tous deux qu'une seule pensée. — 6. T'oppresse : voir le v. 527. — 7. Adopte mon courage. — 8. Ce sont là exactement les sentiments de Curiace exposés aux v. 481-482. — 9. *Déplorable* pouvait avoir comme sujet,

Prenons part en public aux victoires publiques ;
Pleurons dans la maison nos malheurs domestiques [1],
Et ne regardons point des biens communs à tous,
Quand nous voyons des maux qui ne sont que pour nous.
1375 Pourquoi veux-tu, cruel, agir d'une autre sorte ?
Laisse en entrant ici tes lauriers à la porte ;
Mêle tes pleurs aux miens. Quoi ? ces lâches discours
N'arment point ta vertu contre mes tristes jours ?
Mon crime redoublé [2] n'émeut point ta colère ?
1380 Que Camille est heureuse ! elle a pu te déplaire ;
Elle a reçu de toi ce qu'elle a prétendu [3]
Et recouvre là-bas tout ce qu'elle a perdu.
Cher époux, cher auteur du tourment qui me presse [4],
Écoute la pitié, si ta colère cesse ;
1385 Exerce l'une ou l'autre, après de tels malheurs,
A punir ma faiblesse ou finir mes douleurs :
Je demande la mort pour grâce, ou pour supplice [5] ;
Qu'elle soit un effet d'amour ou de justice,
N'importe : tous ses traits n'auront rien que de doux [6],
1390 Si je les vois partir de la main d'un époux.

HORACE. — Quelle injustice aux Dieux d'abandonner aux femmes
Un empire si grand sur les plus belles âmes,
Et de se plaire à voir de si faibles vainqueurs
Régner si puissamment sur les plus nobles cœurs !
1395 A quel point ma vertu devient-elle réduite [7] !
Rien ne la saurait plus garantir que la fuite [8].
Adieu : ne me suis point, ou retiens tes soupirs.

SABINE, *seule.*

— Ô colère, ô pitié, sourdes à mes désirs,
Vous négligez mon crime, et ma douleur vous lasse,
1400 Et je n'obtiens de vous ni supplice ni grâce [9] !
Allons-y par nos pleurs faire encore un effort,
Et n'employons après que nous à notre mort [10].

___

au XVIIᵉ s., un nom de personne, puisque *déplore* (v. 1344) pouvait avoir un nom de personne comme complément d'objet.
1. Voir le v. 1175. — 2. Le fait que je répète le crime de Camille, et en pleine connaissance de cause puisqu'*après son châtiment ma faute continue* (v. 1347). — 3. Réclamé. — 4. M'oppresse : voir p. 40, n. 8. — 5. *Pour grâce* si, par *amour* (v. 1388), tu as pitié de moi ; *ou pour supplice* si, par *justice* (v. 1388), tu châties mon crime. — 6. Première version : « tous ses traits me sembleront fort doux ». — 7. Le participe passé passif est employé avec l'auxiliaire *devenir* qui exprime mieux l'action en train de s'accomplir. — 8. *Rien* (d'autre) *que la fuite.* Se rappeler le vers 685 où le vieil Horace expose cette tactique : « Et ce n'est qu'en fuyant qu'on pare de tels coups ». — 9. Reprise des deux mots utilisés au v. 1387, mais dans l'ordre inverse. — 10. Sabine se promet, à nouveau, de se suicider.

ACTE V

Scène première.[1] — LE VIEIL HORACE, HORACE.

LE VIEIL H. — Retirons nos regards de cet objet funeste[1],
Pour admirer ici le jugement céleste :
1405 Quand la gloire nous enfle[2], il sait bien comme il faut
Confondre notre orgueil qui s'élève trop haut.
Nos plaisirs les plus doux ne vont point sans tristesse;
Il mêle à nos vertus des marques de faiblesse,
Et rarement accorde à notre ambition
1410 L'entier et pur honneur[3] d'une bonne action.
Je ne plains point Camille : elle était criminelle;
Je me tiens plus à plaindre, et je te plains plus qu'elle :
Moi, d'avoir mis au jour un cœur si peu romain;
Toi, d'avoir par sa mort déshonoré ta main.
1415 Je ne la trouve point injuste ni trop prompte;
Mais tu pouvais, mon fils, t'en épargner la honte :
Son crime, quoique énorme[4] et digne du trépas,
Était mieux impuni que puni par ton bras.

HORACE. — Disposez de mon sang, les lois vous en font maître[5];
1420 J'ai cru devoir le sien aux lieux qui m'ont vu naître.
Si dans vos sentiments[6] mon zèle est criminel,
S'il m'en faut recevoir un reproche éternel,
Si ma main en devient honteuse et profanée,
Vous pouvez d'un seul mot trancher ma destinée :
1425 Reprenez tout ce sang de qui ma lâcheté
A si brutalement souillé la pureté[7].
Ma main n'a pu souffrir de crime en votre race;
Ne souffrez point de tache en la maison d'Horace.
C'est en ces actions dont[8] l'honneur est blessé
1430 Qu'un père tel que vous se montre intéressé[9] :
Son amour doit se taire où toute excuse est nulle[10];
Lui-même il y prend part lorsqu'il les dissimule;
Et de sa propre gloire il fait trop peu de cas
Quand il ne punit point ce qu'il n'approuve pas.

---

1. Le cadavre de Camille : le Vieil Horace est revenu dans la salle commune après avoir veillé à la toilette funèbre de sa fille. — 2. Nous gonfle d'orgueil. — 3. L'honneur total et sans mélange. — 4. Hors de toute *norme*, monstrueux. — 5. La loi des XII Tables donnait au père droit de vie et de mort sur ses enfants. — 6. Selon vos sentiments, d'après vous. — 7. Sous-entendre : à vos yeux, *dans vos sentiments* (v. 1421). — 8. Par lesquelles. — 9. Le mot avait un sens bien plus fort, au XVIIᵉ s., que de nos jours; il pouvait se construire avec *en* ou *dans*. — 10. L'antécédent du relatif *où* est sous-entendu, comme en latin : dans les cas où il n'y a — à ses yeux — aucune excuse.

LE VIEIL H. —[1435]Il n'use pas toujours d'une rigueur extrême;
Il épargne ses fils bien souvent pour soi-même;
Sa vieillesse sur eux aime à se soutenir
Et ne les punit point, de peur de se punir.
Je te vois d'un autre œil que tu ne te regardes;
[1440] Je sais... Mais le Roi vient, je vois entrer ses gardes.

- **L'atmosphère du Vᵉ acte** — « Ces graves et religieuses maximes, très conformes au caractère du vieil Horace, répandent une atmosphère de tristesse majestueuse qui fait une grande impression sur les spectateurs » (R. P. Singler).
  ① Le Vieil Horace, effectivement, est beaucoup plus religieux que son fils, il croit à l'action des dieux sur le destin des hommes (voir les vers 710, 973, 991). Mais ne pourrait-on accuser Corneille, pour les vers 1404 et suiv., d'anachronisme? Les sentiments qu'exprime ici le Vieil Horace étaient-ils courants chez les Romains? — et chez les Grecs?

- **Les sentiments du vieil Horace** — Le vers 1407 nous confirme (voir le v. 1012) que le vieil Horace ne souffre guère de la mort au combat de deux de ses fils. Sans le meurtre de Camille, il serait actuellement dans les *plaisirs les plus doux* (v. 1407), ceux dont le comble la gloire.
  ② En quoi consiste exactement, selon le vieil Horace, la faute de son fils?
  ③ Comparez les v. 1435-38 (prononcés sans témoin) et les v. 1657-1662 (prononcés devant le Roi). Que déduisez-vous de cette comparaison?

- **Horace regrette-t-il son acte?**
  ④ « Non, dit M. Herland, il ne regrette pas plus son acte à ce moment qu'il ne l'a regretté venant de le commettre (dialogue avec Procule) ou ne le regrettera devant le roi. » Mais Petit de Julleville dit seulement (*Corneille*, 1896, p. 342) : « son inflexible orgueil se refuse à un tel aveu ».
  Au fond de lui-même, que pense Horace, selon vous?
  Pour répondre, observez que son ton est différent de celui qu'il avait devant Procule (IV, 7). Il n'affirme plus, comme aux v. 1323 et 1328, que tous ceux qui pleurent un ennemi de Rome doivent mourir. Il ne justifie pas son acte, mais seulement son intention, et pas même à l'égard de Rome, pour le seul renom de la famille : *Ma main n'a pu souffrir de crime en votre race* (v. 1427), — mais il est bien obligé de constater (v. 1425-1426) que lui aussi il a taché l'honneur de la *race*, c'est un fait. S'il reprend les propres termes de son père pour parler de son acte (sans les approuver bien sûr, mais sans les réfuter non plus), n'est-ce pas parce qu'il a peur de se juger lui-même?
  Car il reprend aussi, presque exactement (v. 1425-1426), les derniers mots de Camille avant ses imprécations (v. 1293-1294) :

  > *Et toi, bientôt souiller par quelque lâcheté*
  > *Cette gloire si chère à ta brutalité!*

  Camille a gagné, il le voit maintenant : même son père juge qu'il a *déshonoré* sa *main* (v. 1414), qu'il s'est acquis *la honte* (v. 1416). On comprend qu'il souhaite la mort, et qu'il la demande à son père (tout en sachant qu'il ne l'obtiendra pas). Pour son honneur il a déjà trop vécu.

SCÈNE II. — TULLE, VALÈRE, LE VIEIL HORACE, HORACE, TROUPE DE GARDES.

LE VIEIL H. — Ah ! Sire, un tel honneur a trop d'excès pour moi ;
Ce n'est point en ce lieu que je dois voir mon Roi :
Permettez qu'à genoux...

TULLE. —   Non, levez-vous, mon père :
Je fais ce qu'en ma place un bon prince doit faire.
1445 Un si rare service et si fort important
Veut l'honneur le plus rare et le plus éclatant.
                    (*Montrant Valère*)
Vous en aviez déjà sa parole pour gage ;
Je ne l' [1]ai pas voulu différer davantage.
J'ai su par son rapport, et je n'en doutais pas,
1450 Comme de vos deux fils vous portez le trépas,
Et que déjà, votre âme étant trop [2] résolue,
Ma consolation vous serait superflue ;
Mais je viens de savoir quel étrange malheur
D'un fils victorieux a suivi la valeur
1455 Et que son trop d'amour pour la cause publique
Par ses mains à son père ôte une fille unique.
Ce coup est un peu rude à l'esprit le plus fort [3] ;
Et je doute [4] comment vous portez [5] cette mort.

LE VIEIL H. — Sire, avec déplaisir [6], mais avec patience [7].

TULLE. — 1460 C'est l'effet vertueux de votre expérience.
Beaucoup par un long âge ont appris comme vous
Que le malheur succède au bonheur le plus doux :
Peu savent comme vous s'appliquer ce remède,
Et dans leur intérêt [8] toute leur vertu cède.
1465 Si vous pouvez trouver dans ma compassion
Quelque soulagement pour votre affliction,
Ainsi que votre mal sachez qu'elle est extrême,
Et que je vous en plains autant que je vous aime [9].

---

1. *L'* a pour antécédent *l'honneur le plus rare* du vers 1446, et il est placé avant le verbe dont dépend *différer*, comme c'était l'usage au XVIIe s. : je n'ai pas voulu différer davantage de vous rendre cet honneur. — 2. *Trop* au sens de *très* est blâmé par Malherbe, mais continue d'être fréquemment employé au XVIIe s. — 3. Pénible pour le plus courageux (sens étymologique de *fort*). — 4. Je me demande. — 5. Supportez : voir p. 40, n. 8. — 6. Douleur profonde : voir le v. 179. — 7. Fermeté résignée. — 8. Lorsqu'ils sont intéressés, c'est-à-dire touchés profondément eux-mêmes, leur fermeté virile s'effondre et ils oublient quelle est la loi commune (que le malheur succède au bonheur : v. 1462). — 9. **Première version** : « Et que Tulle vous plaint autant comme il vous aime. »

VALÈRE. — Sire, puisque le Ciel entre les mains des rois
1470 Dépose sa justice et la force des lois,
Et que l'État demande aux princes légitimes
Des prix pour les vertus, des peines pour les crimes,
Souffrez qu'un bon sujet vous fasse souvenir
Que vous plaignez beaucoup ce qu'il vous faut punir.
1475 Souffrez...

LE VIEIL H. — Quoi ? Qu'on envoie un vainqueur au supplice ?

TULLE. — Permettez qu'il achève, et je ferai justice :
J'aime à la ¹ rendre à tous, à toute heure, en tout lieu.
C'est par elle qu'un roi se fait un demi-dieu ;
Et c'est dont ² je vous plains, qu'après un tel service
1480 On puisse contre lui me demander justice.

---

1. *La* reprend *justice* du vers précédent. Un pronom ne peut plus se rapporter aujourd'hui à un nom qui ne soit pas précédé d'un déterminatif. — 2. L'antécédent du relatif est sous-entendu, comme en latin.

● **Corneille et la vérité historique** — Si le Roi « fait l'office de juge, écrit Corneille dans son *Examen* (voir p. 118, l. 119 et suiv.), ce n'est que par accident ; et il le fait dans ce logis même d'Horace, par la seule contrainte qu'impose la règle de l'unité de lieu. Tout ce cinquième [acte] est encore une des causes du peu de satisfaction que laisse cette tragédie ; il est tout en plaidoyers ».

Corneille ne s'épargne pas les reproches ; mais il reste discret sur la modification la plus importante qu'il a apportée volontairement au récit de Tite-Live. Car il ne se borne pas, comme il le dit, à faire juger Horace dans son logis même, il supprime la nomination des *duumvirs*, l'appel d'Horace au peuple et le jugement devant le peuple : voir p. 25. Est-ce vraiment *par la seule contrainte* de l'unité de lieu ? Dans son *Discours des Trois Unités*, Corneille dit nettement :
« J'accorderais très volontiers que ce qu'on ferait passer en une seule ville aurait l'unité de lieu. Ce n'est pas que je voulusse que le théâtre représentât cette ville entière, mais seulement deux ou trois lieux particuliers enfermés dans l'enclos de ses murailles. »

Même sans nous faire assister réellement au jugement du peuple, Corneille pouvait nous le faire raconter, comme il a fait raconter l'intervention du dictateur albain, la protestation des deux armées, le combat lui-même. En fait, si Corneille a modifié Tite-Live, c'est parce qu'il était impossible, au XVIIᵉ s., et surtout dans une pièce dédiée à Richelieu, de montrer que le peuple est le recours suprême, le fondement de tout pouvoir civil. La pièce de Corneille exprime exactement (tout en les enveloppant d'une atmosphère patriarcale à l'antique : le Roi appelle le Vieil Horace *Mon père*, au v. 1443) les principes de la monarchie absolue.

① Vous le montrerez en réunissant tous les vers de ce cinquième acte que l'on peut considérer comme des maximes monarchiques.

VALÈRE. — Souffrez donc, ô grand Roi, le plus juste des rois,
Que tous les gens de bien vous parlent par ma voix.
Non que nos cœurs jaloux de ses honneurs s'irritent;
S'il en reçoit beaucoup, ses hauts faits le méritent;
1485 Ajoutez-y plutôt que d'en diminuer :
Nous sommes tous encor prêts d' [1]y contribuer;
Mais puisque d'un tel crime il s'est montré capable
Qu'il triomphe en vainqueur et périsse en coupable.
Arrêtez sa fureur, et sauvez de ses mains,
1490 Si vous voulez régner, le reste des Romains :
Il y va de la perte ou du salut du reste.
　　　La guerre avait un cours si sanglant, si funeste,
Et les nœuds de l'hymen, durant nos bons destins,
Ont tant de fois uni des peuples si voisins [2],
1495 Qu'il est peu de Romains que le parti contraire
N'intéresse en [3] la mort d'un gendre ou d'un beau-frère,
Et qui ne soient forcés de donner quelques pleurs,
Dans le bonheur public, à leurs propres malheurs.
Si c'est offenser Rome, et que l'heur [4] de ses armes
1500 L'autorise à punir ce crime [5] de nos larmes,
Quel sang épargnera ce barbare vainqueur,
Qui ne pardonne pas à celui de sa sœur,
Et ne peut excuser cette douleur pressante
Que la mort d'un amant jette au cœur d'une amante,
1505 Quand, près d'être éclairés du nuptial flambeau,
Elle voit avec lui son espoir au tombeau ?
Faisant triompher Rome, il se l'est asservie;
Il a sur nous un droit et de mort et de vie;
Et nos jours criminels ne pourront plus durer
1510 Qu'autant qu'à sa clémence il plaira [6] l'endurer.
　　　Je pourrais ajouter aux intérêts de Rome
Combien un pareil coup est indigne d'un homme;
Je pourrais demander qu'on mît devant vos yeux
Ce grand et rare exploit d'un bras victorieux :
1515 Vous verriez un beau sang, pour accuser sa rage,
D'un frère si cruel rejaillir au visage :
Vous verriez des horreurs qu'on ne peut concevoir;
Son âge et sa beauté vous pourraient émouvoir;
Mais je hais ces moyens qui sentent l'artifice.
1520 Vous avez à demain remis le sacrifice :
Pensez-vous que les Dieux, vengeurs des innocents,
D'une main parricide [7] acceptent de l'encens ?

---

1. *Prêt à, prêt de, près de* étaient employés l'un pour l'autre, au XVIIᵉ s. — 2. Le dictateur albain l'avait rappelé aux v. 289-290. — 3. Le verbe avait un sens bien plus fort au
XVIIᵉ s. que de nos jours; il pouvait se construire avec *en* ou *dans* (voir le v. 1430). —
4. *Bonheur* : voir le v. 58. — 5. *Ce crime* que nous commettons en pleurant un ennemi.
— 6. *Il plaît* est souvent construit sans préposition au XVIIᵉ s. — 7. Qui a tué un très proche
parent (voir le v. 320).

> Sur vous ce sacrilège attirerait sa peine[1];
> Ne le considérez qu'en un objet de leur haine,
> 1525 Et croyez avec nous qu'en tous ses trois combats
> Le bon destin de Rome a plus fait que son bras,
> Puisque ces mêmes Dieux, auteurs de sa victoire,
> Ont permis qu'aussitôt il en souillât la gloire,
> Et qu'un si grand courage, après ce noble effort,
> 1530 Fût digne en même jour de triomphe et de mort.
>   Sire, c'est ce qu'il faut que votre arrêt décide.
> En ce lieu Rome a vu le premier parricide[2];
> La suite en est à craindre, et la haine des Cieux :
> Sauvez-nous de sa main, et redoutez les Dieux.

---

1. Horace sacrilège attirerait sur nous la peine qu'il mérite et que nous ne lui aurions pas infligée, car nous la mériterions de la même façon que lui, puisque nous ne condamnerions pas son crime. — 2. Le premier meurtre d'un parent : voir le v. 320.

━━━

● **Les plaidoyers : le réquisitoire de Valère** — Le cinquième acte, *tout en plaidoyers* selon Corneille lui-même (Examen, p. 118, l. 122), a soulevé bien des critiques depuis trois siècles. Hostile au tragique normand, l'abbé d'AUBIGNAC (1604-1676) a blâmé le discours de Valère qui ouvre les débats :

« Selon l'humeur des Français, il faut que Valère cherche une plus noble voie pour venger sa maîtresse, et nous souffririons plus volontiers qu'il étranglât Horace que de lui faire un procès. Un coup de fureur serait plus conforme à la générosité de notre noblesse. »

① Lisez la réponse de Corneille, p. 118, et donnez votre avis motivé.

② « Ce discours ressemble à celui d'un avocat qui s'est préparé : il n'est ni dans le genre de ces temps-là, ni dans le caractère d'un amant qui parle contre l'assassin de sa maîtresse. » Ainsi parle Voltaire, mais à notre époque (*le Monde*, 9 juin 1960), tout en reconnaissant la transformation de la tragédie au début du cinquième acte, ROBERT KEMP s'est montré sensible à la beauté « dialectique » du discours :

« A ce moment de la pièce, j'ai bien l'illusion que le ciel de Rome fait place au merveilleux plafond du palais de justice de Rouen. Valère y fait office de procureur [...] Ces Romains incultes ont l'éloquence la plus sobre, la plus sûre. Et quelles ressources dialectiques. »

Effectivement, Valère est habile. Il flatte le roi (v. 1481), mais lui rappelle qu'un monarque n'est grand que par sa justice. Il évoque les hauts faits d'Horace, mais précise que les *auteurs de sa victoire* (v. 1527) ce sont les dieux. Il exploite (v. 1491-1510) la fameuse réponse d'Horace à Procule (v. 1323-1324), seul témoin du meurtre. Finalement, il fait d'Horace un rebelle et presque un rival du roi. Il peut alors accuser en face le *parricide*, haï des dieux.

③ Mais Valère, en fin de compte, n'est-il pas précisément *trop* habile ? Quelles erreurs commet-il? Ces erreurs seront-elles relevées ensuite par Horace, par le vieil Horace, par le Roi?

━━━

TULLE.   —[1535] Défendez-vous, Horace.

HORACE.   —   A quoi bon me défendre ?
Vous savez l'action, vous la [1] venez d'entendre ;
Ce que vous en croyez me doit être une loi [2].
    Sire, on se défend mal contre l'avis d'un roi,
Et le plus innocent devient soudain coupable
[1540] Quand aux yeux de son prince il paraît condamnable.
C'est crime qu'envers lui se [1] vouloir excuser [3] :
Notre sang est son bien, il en peut disposer ;
Et c'est à nous de croire, alors qu'il en dispose,
Qu'il ne s'en prive point sans une juste cause.
[1545] Sire, prononcez donc, je suis prêt d' [4]obéir ;
D'autres aiment la vie, et je la [5] dois haïr.
Je ne reproche point à l'ardeur de Valère
Qu'en amant [6] de la sœur il accuse le frère :
Mes vœux avec les siens conspirent [7] aujourd'hui ;
[1550] Il demande ma mort, je la veux comme lui.
Un seul point entre nous met cette différence,
Que mon honneur par là cherche son assurance [8],
Et qu'à ce même but nous voulons arriver,
Lui pour flétrir ma gloire, et moi pour la sauver.
[1555]   Sire, c'est rarement qu'il s'offre une matière
A [9] montrer d'un grand cœur la vertu tout entière.
Suivant l'occasion elle agit plus ou moins,
Et paraît forte ou faible aux yeux de ses témoins.
Le peuple, qui voit tout seulement par l'écorce,
[1560] S'attache à son effet pour juger de sa force [10] ;
Il veut que ses dehors gardent un même cours,
Qu'ayant fait un miracle, elle en fasse toujours.
Après une action pleine, haute, éclatante,
Tout ce qui brille moins remplit mal son attente ;
[1565] Il veut qu'on soit égal en tout temps, en tous lieux ;
Il n'examine point si lors [11] on pouvait mieux,
Ni que, s'il ne voit pas sans cesse une merveille,
L'occasion [12] est moindre et la vertu pareille :
Son injustice accable et détruit les grands noms ;
[1570] L'honneur des premiers faits se perd par les seconds ;
Et quand la renommée a passé l'ordinaire,
Si l'on n'en veut déchoir, il faut ne plus rien faire.

---

1. Voir la n. du v. 254. — 2. Doit être une loi pour moi. — 3. Voir la n. 1 : que de vouloir s'excuser devant lui. — 4. Voir la n. du v. 29. — 5. Voir la n. 1. — 6. Synonyme ici d'amoureux, de prétendant. — 7. *Conspirent* pour obtenir ma mort. — 8. Cherche un refuge assuré. — 9. La préposition *à* pouvait remplacer au XVIIe s. la plupart des autres prépositions ; ici : *pour*. — 10. Le peuple, jugeant sur les apparences n'apprécie l'héroïsme d'une action que selon les résultats produits. — 11. Alors, c'est-à-dire dans les actions qu'on accomplit après le grand exploit. — 12. Diérèse : *l'occasi-on*.

Je ne vanterai point les exploits de mon bras;
Votre Majesté, Sire, a vu mes trois combats :
1575 Il est bien malaisé qu'un pareil les seconde [1],
Qu'une autre occasion à celle-ci réponde,
Et que tout mon courage, après de si grands coups,
Parvienne à des succès qui n'aillent au-dessous;
Si bien que, pour laisser une illustre mémoire,
1580 La mort seule aujourd'hui peut conserver ma gloire :
Encor la fallait-il sitôt que j'eus vaincu,
Puisque pour mon honneur j'ai déjà trop vécu.
Un homme tel que moi voit sa gloire ternie,
Quand il tombe en péril de quelque ignominie,
1585 Et ma main aurait su déjà m'en garantir;
Mais sans votre congé [2] mon sang n'ose sortir :
Comme il vous appartient, votre aveu doit se prendre [3];
C'est vous le dérober qu'autrement le répandre.
Rome ne manque point de généreux guerriers;
1590 Assez d'autres sans moi soutiendront vos lauriers;
Que Votre Majesté désormais m'en dispense;
Et si ce que j'ai fait vaut quelque récompense,
Permettez, ô grand Roi, que de ce bras vainqueur
Je m'immole à ma gloire, et non pas à ma sœur.

---

1. Leur succède. — 2. Permission. — 3. Votre consentement doit être sollicité.

● **L'obéissance de jugement** — A mots couverts, Valère avait accusé Horace de vouloir supplanter le roi et « asservir » Rome. Horace répond par un acte de soumission totale : il remet dans les mains du roi non seulement sa vie ou sa mort, mais son propre jugement sur lui-même : si le roi le juge coupable, Horace se jugera coupable; si le roi le juge innocent, Horace se jugera innocent.
Est-il sincère? Son abdication est telle, et elle peut tellement servir sa défense, que l'on a pu se demander s'il ne parlait pas par intérêt, — ou s'il ne cachait pas une hautaine ironie. Il ne fait pourtant qu'appliquer, avec la logique absolue qui est la sienne, ses théories du deuxième acte. Horace n'a pas, ne veut pas avoir d'opinion personnelle sur son innocence ou sa culpabilité. Il ne peut avoir que l'opinion de Rome, c'est-à-dire du Roi.
Il fait montre de ce que les Jésuites, maîtres de Corneille, appellent « l'obéissance de jugement », la plus difficile de toutes.

● **Un silence énigmatique** — De son acte même, Horace ne dit rien, il ne formule pas le moindre regret. Comment expliquez-vous cette attitude? ce ton amer, désabusé? Vous commenterez ce jugement de Louis Herland :

① « Horace annonce ici ces grandes figures de héros vaincus qui, plus tard, seront si chères à Corneille : Sertorius, Suréna. »

Scène III. — TULLE, VALÈRE, LE VIEIL HORACE, HORACE, SABINE.

SABINE. —[1595] Sire, écoutez Sabine, et voyez dans son âme
Les douleurs d'une sœur et celles d'une femme
Qui, toute désolée [1], à vos sacrés genoux,
Pleure pour sa famille et craint pour son époux.
Ce n'est pas que je veuille avec cet artifice
[1600] Dérober un coupable aux bras de la justice :
Quoi qu'il ait fait pour vous, traitez-le comme tel,
Et punissez en moi ce noble criminel;
De [2] mon sang malheureux expiez tout son crime;
Vous ne changerez point pour cela de victime :
[1605] Ce n'en sera point prendre une injuste pitié,
Mais en sacrifier la plus chère moitié.
Les nœuds de l'hyménée et son amour extrême
Font qu'il vit plus en moi qu'il ne vit en lui-même;
Et si vous m'accordez de mourir aujourd'hui,
[1610] Il mourra plus en moi qu'il ne mourrait en lui;
La mort que je demande, et qu'il faut que j'obtienne,
Augmentera sa peine et finira la mienne.
Sire, voyez l'excès de mes tristes ennuis [3]
Et l'effroyable état où mes jours sont réduits.
[1615] Quelle horreur d'embrasser un homme dont l'épée
De toute ma famille a la trame coupée [4]!
Et quelle impiété de haïr un époux
Pour avoir bien servi les siens, l'État et vous!
Aimer un bras souillé du sang de tous mes frères!
[1620] N'aimer pas un mari qui finit nos misères!
Sire, délivrez-moi par un heureux trépas
Des crimes de l'aimer et de ne l'aimer pas;
J'en nommerai l'arrêt une faveur bien grande.
Ma main peut me donner ce que je vous demande;
[1625] Mais ce trépas enfin me sera bien plus doux,
Si je puis de sa honte affranchir mon époux;
Si je puis par mon sang apaiser la colère
Des Dieux qu'a pu fâcher sa vertu trop sévère [5],
Satisfaire en mourant aux mânes [6] de sa sœur,
[1630] Et conserver à Rome un si bon défenseur.

LE VIEIL H. — Sire, c'est donc à moi de répondre à Valère.
Mes enfants avec lui conspirent contre un père :

---

1. Sens fort : laissée absolument *seule*, pour les raisons données au vers suivant. — 2. Avec : expiez son crime avec mon sang. — 3. Sens fort : les afflictions qui m'accablent, me désespèrent. — 4. Voir le v. 964. — 5. Qu'a pu offenser l'acte dû à sa vertu intraitable. — 6. Voir le v. 1131.

Tous trois veulent me perdre et s'arment sans raison
Contre si peu de sang qui reste en ma maison.
(*A Sabine.*)
1635   Toi qui, par des douleurs à ton devoir contraires,
Veux quitter un mari pour rejoindre tes frères,
Va plutôt consulter leurs mânes [1] généreux;
Ils sont morts, mais pour Albe, et s'en tiennent heureux :
Puisque le Ciel voulait qu'elle fût asservie,
1640   Si quelque sentiment demeure après la vie,
Ce mal leur semble moindre, et moins rudes ses coups,
Voyant [2] que tout l'honneur en retombe sur nous;
Tous trois désavoueront la douleur qui te touche,
Les larmes de tes yeux, les soupirs de ta bouche,
1645   L'horreur que tu fais voir d'un mari vertueux [3].
Sabine, sois leur sœur, suis ton devoir comme eux.

---

1. Voir la n. du v. 1131. — 2. *Voyant* est apposition de : tes frères, qu'il faut tirer du pronom *leur* au vers précédent; il faudrait dire aujourd'hui : quand ils voient. — 3. Voir sur le mot *vertu* la définition donnée p. 54.

● **Le châtiment par l'amour** — Sabine ne défend pas son mari. Elle reconnaît en propres termes qu'il est *coupable* (v. 1600), *criminel* (v. 1602), qu'il appartient *aux bras de la justice* (v. 1600); et elle demande non pas qu'il soit moins châtié, mais qu'il le soit davantage (v. 1612) : Qu'on ne lui donne pas la mort, il la désire; qu'on l'oblige à vivre au contraire, mais à vivre seul, sans la femme qu'il aime et qu'il aura, en quelque sorte, fait mourir lui-même puisqu'elle sera morte en expiation de son crime (v. 1608-1610).
① Nous savons qu'Horace aime profondément Sabine; au cours de toute la pièce, c'est devant elle, et elle seule, qu'il a « faibli » (de son point de vue). Mais avons-nous jamais eu le sentiment réel qu'il vivait plus en elle qu'en lui-même (v. 1608-1610)? Sabine dit-elle cela pour les besoins de la cause (et pour permettre à Corneille de « faire des pointes » précieuses), — ou bien parle-t-elle sincèrement, mais en se faisant des illusions?

● **Le premier souci du Vieil Horace** — Sabine aime toujours Horace dans son cœur, mais elle ne peut surmonter une sorte de dégoût physique, devant lui (v. 1615-1616) :

> *Quelle horreur d'embrasser un homme dont l'épée*
> *De toute ma famille a la trame coupée!*

Elle ne sait même plus, elle se demande (un peu artificiellement) si elle doit l'aimer.
Très soucieux, nous l'avons vu, du bonheur conjugal de son fils, le Vieil Horace s'adresse d'abord à Sabine : il ne pourra redonner à Horace le goût de vivre que s'il lui conserve la tendresse de sa femme, guérie de *l'horreur* qu'elle fait *voir d'un mari vertueux* (v. 1645).
② Quel argument emploie-t-il pour la persuader?
③ Que vous révèle la comparaison des v. 1638 et 1640?

(Le vieil Horace au Roi.)

Contre ce cher époux Valère en vain s'anime :
Un premier mouvement ne fut jamais un crime;
Et la louange est due, au lieu du châtiment,
1650 Quand la vertu produit ce premier mouvement.
Aimer nos ennemis avec idolâtrie,
De rage en leur trépas maudire la patrie,
Souhaiter à l'État un malheur infini,
C'est ce qu'on nomme crime, et ce qu'il a puni.
1655 Le seul amour de Rome a sa main animée [1] :
Il serait innocent s'il l'avait moins aimée.
Qu'ai-je dit, Sire ? il l'est, et ce bras paternel
L'aurait déjà puni s'il était criminel :
J'aurais su mieux user de l'entière puissance
1660 Que me donnent sur lui les droits de la naissance [2];
J'aime trop l'honneur, Sire, et ne suis point de rang
A souffrir ni d'affront ni de crime en mon sang.
C'est dont [3] je ne veux point de témoin que [4] Valère :
Il a vu quel accueil lui [5] gardait ma colère,
1665 Lorsqu'ignorant encor la moitié du combat,
Je croyais que sa fuite avait trahi l'État.
Qui [6] le fait se charger des soins de ma famille ?
Qui le fait, malgré moi, vouloir venger ma fille ?
Et par quelle raison, dans son juste trépas,
1670 Prend-il un intérêt qu'un père ne prend pas ?
On craint qu'après sa sœur il n'en maltraite d'autres !
Sire, nous n'avons part qu'à la honte des nôtres,
Et de quelque façon qu'un autre puisse agir,
Qui ne nous touche point ne nous fait point rougir.

(A Valère.)

1675 Tu peux pleurer, Valère, et même aux yeux d'Horace;
Il ne prend intérêt qu'aux crimes de sa race :
Qui n'est point de son sang ne peut faire d'affront
Aux lauriers immortels qui lui ceignent le front.
Lauriers, sacrés rameaux qu'on veut réduire en poudre [7],
1680 Vous qui mettez sa tête à couvert de la foudre,
L'abandonnerez-vous à l'infâme couteau [8]
Qui fait choir les méchants sous la main d'un bourreau ?

---

1. Voir le v. 964. — 2. La loi des XII Tables permettait au père de famille de mettre à mort ses enfants ou de les vendre comme esclaves. — 3. C'est de quoi; on observe la même ellipse de l'antécédent au v. 1479. — 4. De témoin (autre) que Valère. — 5. *Lui* représente Horace, tandis que *il* représente Valère. — 6. *Qui* interrogatif peut s'employer au neutre au XVII⁰ s. : qu'est-ce qui ? — 7. Poussière. — 8. Le mot *couteau*, employé seul, est considéré au XVII⁰ siècle comme indigne du style tragique; mais il est « ennobli » ici par le mot *infâme* (cf. les « chiens dévorants » de Racine, dans *Athalie*).

Romains, souffrirez-vous qu'on vous immole un homme
Sans qui Rome aujourd'hui cesserait d'être Rome,
1685 Et qu'un Romain s'efforce à tacher le renom
D'un guerrier à qui tous doivent un si beau nom ?

● **Les contradictions du Vieil Horace** — Pour sauver son fils et l'honneur de son nom, le Vieil Horace emploie tous les arguments possibles. Il les jette en avant sans les examiner, sans même se demander s'ils ne sont pas contradictoires. Tout lui est bon, pourvu qu'il sauve son fils.
— Il use d'un syllogisme extrêmement facile à réfuter :

Un premier mouvement ne fut jamais un crime (majeure : v. 1648);
Or, mon fils a agi par premier mouvement (mineure);
Donc, mon fils n'est pas criminel (conclusion).

Mais la majeure est fausse, et la mineure a été niée, devant Procule, par Horace lui-même (v. 1323-1324).
— Il soutient qu'on ne doit pas punir un premier mouvement, et aussitôt après (v. 1649) il affirme qu'on doit le louer. Comment peut-il y avoir mérite, s'il n'y a pas responsabilité ?
① Ne pourrait-on cependant essayer de « sauver » cet argument du vieil Horace ?
— Il ne veut surtout pas omettre l'argument le plus fort pour la grâce de son fils, si celui-ci est jugé coupable : c'est pour Rome qu'Horace a agi (v. 1655), parce que Camille maudissait Rome (et non parce qu'elle pleurait un ennemi, comme l'a soutenu Valère : v. 1495-1500).
— Mais il ne veut pas, non plus, perdre le bénéfice de proclamer Horace innocent et d'affirmer qu'il l'aurait puni lui-même s'il le jugeait criminel; il y tient d'autant plus qu'il peut utiliser ici, en faveur de l'accusé, le propre témoignage de l'accusateur, ce qui est toujours très efficace devant un tribunal.
Un *lapsus*, apparemment fort naturel mais sans doute volontaire, lui permet d'utiliser à la fois les deux arguments (v. 1656-1657) :

Il serait innocent s'il l'avait moins aimée.
Qu'ai-je dit, Sire ? il l'est, et ce bras paternel...

En fait, les spectateurs savent parfaitement, eux, que le vieil Horace ne voulait plus (v. 1056) châtier son fils; et ce fils qui l'écoute le sait aussi.
② « On conçoit avec quelle impatience, mêlée de honte et de mépris, cette âme ombrageuse entend ce même père qui tout à l'heure lui reprochait d'avoir, en tuant sa sœur, *déshonoré* sa *main* (v. 1414) et qui pourtant l'avait laissé vivre, se targuer hautement devant le Roi de trop aimer l'honneur pour *souffrir ni d'affront ni de crime* en son *sang*. » (Herland).
— A la fin de son discours, le Vieil Horace affirmera que le peuple est stupide et que ses jugements ne valent rien, mais cela ne l'empêche pas, pour le moment, de faire appel (v. 1683) à l'opinion populaire contre une condamnation possible : *Romains, souffrirez-vous...* En fait, ce n'est qu'un effet oratoire (les Romains ne sont pas là) mais efficace : le roi ne peut pas se formaliser de ce faux appel au peuple, qui d'ailleurs ne s'opposerait au jugement que *par ses pleurs* (v. 1700); il est seulement prévenu que son autorité royale en souffrira.

Dis, Valère, dis-nous, si tu veux qu'il périsse,
Où tu penses choisir un lieu pour son supplice.
Sera-ce entre ces murs que mille et mille voix
1690 Font résonner encor du bruit de ses exploits ?
Sera-ce hors des murs, au milieu de ces places
Qu'on voit fumer encor du sang des Curiaces,
Entre leurs trois tombeaux, et dans ce champ d'honneur
Témoin de sa vaillance et de notre bonheur ?
1695 Tu ne saurais cacher sa peine à sa victoire;
Dans les murs, hors des murs, tout parle de sa gloire,
Tout s'oppose à l'effort de ton injuste amour,
Qui veut d'un si bon sang souiller un si beau jour.
Albe ne pourra pas souffrir un tel spectacle,
1700 Et Rome par ses pleurs y mettra trop d'obstacle.
                    (*Au Roi.*)
Vous les préviendrez, Sire; et par un juste arrêt
Vous saurez embrasser bien mieux son intérêt.
Ce qu'il a fait pour elle, il peut encor le faire :
Il peut la garantir encor d'un sort contraire.
1705 Sire, ne donnez [1] rien à mes débiles ans :
Rome aujourd'hui m'a vu père de quatre enfants;
Trois en ce même jour sont morts pour sa querelle [2];
Il m'en reste encore un, conservez-le pour elle :
N'ôtez pas à ces murs un si puissant appui;
1710 Et souffrez, pour finir, que je m'adresse à lui.
                    (*A Horace.*)
Horace, ne crois pas que le peuple stupide [3]
Soit le maître absolu d'un renom bien solide :
Sa voix tumultueuse assez souvent fait bruit [4];
Mais un moment l' [5]élève, un moment le détruit;
1715 Et ce qu'il contribue [6] à notre renommée
Toujours en moins de rien se dissipe en fumée.
C'est aux rois, c'est aux grands, c'est aux esprits bien faits,
A voir la vertu pleine en ses moindres effets;
C'est d'eux seuls qu'on reçoit la véritable gloire;
1720 Eux seuls des vrais héros assurent la mémoire.
Vis toujours en Horace, et toujours auprès d'eux
Ton nom demeurera grand, illustre, fameux,
Bien que l'occasion, moins haute ou moins brillante,
D'un vulgaire ignorant trompe l'injuste attente.

---

1. N'accordez. — 2. Pour la cause de Rome; Camille elle-même est morte pour la cause de Rome puisque c'est pour défendre Rome contre les suites possibles de ses malédictions qu'Horace l'a tuée. — 3. Sot, qui ne juge que sur les apparences (voir le v. 1559), capable seulement de tumulte : v. 1713. — 4. Fait une réputation, donne la gloire. — 5. C'est le mot *bruit* du vers précédent qui est l'antécédent de l' et de *le* (détruit); en français moderne, on ne peut pas reprendre, par un pronom, un mot qui n'est pas nettement déterminé. — 6. Ce en quoi il contribue : le verbe *contribuer* était encore transitif direct au XVIIe siècle.

1725 Ne hais donc plus la vie, et du moins vis pour moi,
Et pour servir encor ton pays et ton roi.
Sire, j'en ai trop dit; mais l'affaire vous touche;
Et Rome tout entière a parlé par ma bouche.

● **L'émotion convaincue et convaincante** — Habile, mais peu convaincant lorsqu'il s'agissait du crime lui-même, le discours devient fort et touchant lorsque le Vieil Horace peut enfin parler de la gloire de son fils, de l'intérêt de Rome et de ses propres sentiments.
Relisez (p. 24 et 25) le passage de Tite-Live dont s'inspire ici Corneille.
Corneille supprime tout ce qui est trop « antique » : le voile dont on couvrait la tête du condamné en le vouant aux dieux infernaux, les verges, l'Arbre de Honte; il ne parle du supplice qu'en termes abstraits, mais il donne à tout le mouvement une vie dramatique intense : par quels procédés?
Bien que le latin, d'ordinaire, soit plus concis que le français, le style de Corneille réussit ici à se montrer plus ramassé encore, plus dense. Tite-Live disait (p. 25, l. 169-171) : « On ne pourra le conduire nulle part où les signes de sa victoire ne protestent contre l'indignité de son supplice. » Corneille dit, en un seul vers (1695) :
Tu ne saurais cacher sa peine à sa victoire.

① Faites la part, dans tout le discours du Vieil Horace, de la pudeur, de la sincérité, de l'habileté.

Même sa prière la plus touchante, celle qu'il sait la plus forte (il l'a fait pressentir dans son exorde, au v. 1634), le Vieil Horace, par pudeur, sincèrement sans doute mais très habilement aussi, ne la présente qu'en disant en même temps qu'il ne la présente pas (ainsi avaient fait Valère au v. 1511 et Horace aux v. 1547 et 1573):
Sire, ne donnez rien à mes débiles ans (v. 1705)
et en un mouvement très efficace, c'est pour Rome, pour Rome seule (alors que toute la logique de la phrase faisait attendre : pour son père), qu'il demande au Roi de conserver le dernier de ses enfants. L'amour paternel s'efface ici encore une fois — mais pour mieux triompher — devant l'amour de Rome.

● **Les thèses** — L'exhortation finale sur la *véritable gloire* (v. 1719) était nécessaire pour dénouer le cercle vicieux où s'était enfermé Horace — que valent les louanges du peuple pour qui méprise le peuple? je ne pourrai jamais rien faire qui lui apparaisse aussi glorieux que mon triple combat (v. 1555-1572), — mais elle permet aussi au vieil Horace de réaffirmer, contre Valère, la soumission totale du héros au jugement du pouvoir.
C'est aux rois de juger, *c'est aux esprits bien faits* (v. 1717); ce n'est pas au peuple. Corneille pense-t-il à lui-même en écrivant cela, au triomphe populaire du *Cid* qu'il ne pourra peut-être pas retrouver? Est-ce à Richelieu, *aux grands* (v. 1717) et aux doctes qu'il veut plaire uniquement désormais? On ne peut pas ne pas rapprocher ces vers des phrases les plus humbles de la dédicace au Cardinal : voir p. 29, l. 33-50.

② Que pensez-vous de cette soumission de l'écrivain aux instances impérieuses du pouvoir? Corneille l'a-t-il pratiquée pour ses œuvres suivantes, à votre avis?

VALÈRE. — Sire, permettez-moi...

TULLE. —   Valère, c'est assez :
1730 Vos discours par les leurs ne sont pas effacés;
J'en garde en mon esprit les forces plus pressantes [1],
Et toutes vos raisons me sont encor présentes.
Cette énorme action faite presque à nos yeux
Outrage la nature et blesse jusqu'aux Dieux.
1735 Un premier mouvement qui produit un tel crime
Ne saurait lui servir d'excuse légitime :
Les moins sévères lois en ce point sont d'accord;
Et si nous les suivons, il est digne de mort.
Si d'ailleurs nous voulons regarder le coupable,
1740 Ce crime quoique grand, énorme, inexcusable,
Vient de la même épée et part du même bras
Qui me fait aujourd'hui maître de deux États.
Deux sceptres en ma main, Albe à Rome asservie [2],
Parlent bien hautement en faveur de sa vie :
1745 Sans lui j'obéirais où [3] je donne la loi,
Et je serais sujet où [4] je suis deux fois roi.
Assez de bons sujets dans toutes les provinces
Par des vœux impuissants s'acquittent vers [5] leurs princes;
Tous les peuvent aimer [6], mais tous ne peuvent pas
1750 Par d'illustres effets [7] assurer leurs États;
Et l'art et le pouvoir d'affermir des couronnes
Sont des dons que le Ciel fait à peu de personnes.
De pareils serviteurs sont les forces des rois,
Et de pareils aussi sont au-dessus des lois.
1755 Qu'elles se taisent donc; que Rome dissimule
Ce que dès sa naissance elle vit en Romule [8] :
Elle peut bien souffrir [9] en son libérateur
Ce qu'elle a bien souffert en son premier auteur.
Vis donc, Horace, vis, guerrier trop magnanime :
1760 Ta vertu met ta gloire au-dessus de ton crime;
Sa chaleur généreuse [10] a produit ton forfait;
D'une cause si belle il faut souffrir l'effet.
Vis pour servir l'État; vis, mais aime Valère.

---

1. Les arguments les plus convaincants; le comparatif est employé fréquemment, au
XVIIᵉ s., au lieu du superlatif relatif. — 2. Tour latin : la domination de Rome sur Albe. —
3. Là où : ellipse de l'antécédent du relatif. — 4. Voir la n. 3. — 5. Envers. — 6. Voir le
v. 254. — 7. Actions ayant un résultat *effectif ;* le mot s'oppose à *vœux impuissants* du
v. 1748. — 8. Nom francisé de Romulus. Celui-ci avait tué son frère Rémus pour garder
seul le pouvoir sur la ville de Rome. — 9. Supporter. — 10. L'ardeur de ta vertu magnanime. Il y a deux variantes pour ces vers :

Ta chaleur généreuse a produit ton forfait.

Sa chaleur *dangereuse* a produit ton forfait.

> Qu'il ne reste entre vous ni haine ni colère;
> 1765 Et, soit qu'il ait suivi l'amour ou le devoir,
> Sans aucun sentiment [1] résous-toi de le voir.
> Sabine, écoutez moins la douleur qui vous presse [2],
> Chassez de ce grand cœur ces marques de faiblesse :

---

1. Ressentiment : voir p. 40, n. 8. — 2. Oppresse : voir p. 40, n. 8.

● **Justice et raison d'État** — « Le roi [...] est mieux dans sa dignité [dans *Horace*] que dans *le Cid* », dit Corneille en examinant sa pièce : voir p. 117, l. 114. En effet, le roi réunit ici toutes les qualités. S'il est d'abord et avant tout l'incarnation vivante de Rome, il représente aussi la sagesse, la bonté paternelle à l'égard de tous, la justice.

— Non influençable, il garde en lui, présents, tous les arguments produits, et il le prouve en réfutant (v. 1735) l'argument le plus spécieux du vieil Horace ou (v. 1736) l'affirmation fausse de Valère (v. 1532).

Il n'a pas de mots assez forts pour condamner le crime d'Horace : il le qualifie par deux fois (v. 1733 et 1740) d'*énorme* (en dehors de toutes les *normes*), *d'inexcusable*. Selon la loi, Horace mérite la mort : v. 1738.

— Mais, avec plus de force encore, le roi affirme que l'intérêt de Rome est au-dessus de la justice, au-dessus de la loi. Horace est utile à l'État, il doit vivre pour le servir : v. 1740-1753.

— Seulement, les lois aussi sont utiles à l'État, et il serait dangereux de les violer publiquement : elles *se tairont* donc (v. 1755), on « dissimulera ». Ce sera facile puisque le crime, comme le jugement, n'ont pas été publics, et qu'il y a peu de témoins. Inhumée avec son amant, le peuple pourra croire que Camille s'est suicidée ou du moins qu'elle est morte d'amour (ce qui d'ailleurs n'est pas inexact). Et si quelques-uns murmurent, on leur fermera la bouche avec le « précédent » de Romule (v. 1756). Qui osera protester ?

— Le Roi, d'ailleurs, ayant fait parler la « raison d'État », se montre ensuite « toute bonté ». Il reprend, pour atténuer l'entorse faite à la justice, l'argument de la « bonne intention » (v. 1761-62) qu'il avait réfuté tout à l'heure (v. 1735-36); il console Sabine (v. 1767-1770); il réconcilie Horace et Valère (v. 1763-1764); il unit les amants, il apaise les dieux (v. 1771-1774).

● **« Horace », catéchisme de loyauté monarchique** — Ainsi, la grandeur royale est magnifiée, dans ce cinquième acte, comme elle ne l'avait jamais été. Poète de l'héroïsme aristocratique avant *le Cid*, Corneille est devenu, avec *Horace*, celui de la monarchie absolue. Le Cardinal pouvait être satisfait.

① Vous commenterez ce mot de Napoléon Iᵉʳ : « Si Corneille avait vécu de mon temps, je l'aurais fait prince. »

② *De pareils serviteurs sont les forces des rois,*
Et de pareils aussi sont au-dessus des lois (v. 1753-1754).

Cette maxime est énoncée pour un régime monarchique, les mots mêmes l'indiquent. Discutez-la pour un tel régime d'abord, puis pour un régime républicain et, dans les deux cas, avec des exemples précis (l'histoire romaine, en particulier, pourra vous en fournir de saisissants).

C'est en séchant vos pleurs que vous vous montrerez
1770 La véritable sœur de ceux que vous pleurez.
Mais nous devons aux Dieux demain un sacrifice;
Et nous aurions le Ciel à nos vœux mal propice,
Si nos prêtres, avant que de sacrifier [1],
Ne trouvaient les moyens de le purifier :
1775 Son père en prendra soin; il lui sera facile
D'apaiser tout d'un temps les mânes [2] de Camille.
Je la plains; et pour rendre à son sort rigoureux
Ce que peut souhaiter son esprit amoureux,
Puisqu'en un même jour l'ardeur d'un même zèle [3]
1780 Achève le destin de son amant et d'elle,
Je veux qu'un même jour, témoin de leurs deux morts,
En un même tombeau voie enfermer leurs corps [4].

---

1. Verbe intransitif : offrir un sacrifice. — 2. Voir le v. 1131. — 3. Ce *zèle*, c'est l'amour d'Horace pour Rome, qui lui a fait tuer Camille aussi bien que Curiace. — 4. La pièce, à la création, ne se terminait pas ici. Julie, qui était entrée en scène avec Sabine au v. 1593, restait seule après le départ de tous les autres personnages et récitait le couplet suivant (trois quatrains à rimes alternées) :

> Camille, ainsi le Ciel t'avait bien avertie
> Des tragiques succès qu'il t'avait préparés;
> Mais toujours du secret il cache une partie
> Aux esprits les plus nets et les mieux éclairés.
>
> Il semblait nous parler de ton proche hyménée,
> Il semblait tout promettre à tes vœux innocents;
> Et, nous cachant ainsi ta mort inopinée,
> Sa voix n'est que trop vraie en trompant notre sens !
>
> « Albe et Rome aujourd'hui prennent une autre face;
> Tes vœux sont exaucés, elles goûtent la paix;
> Et tu vas être unie avec ton Curiace,
> Sans qu'aucun mauvais sort t'en sépare jamais. »

On aimait en effet, au XVIe s. et dans la première moitié du XVIIe s., terminer les tragédies à la manière antique, par une sorte de méditation. Mais Corneille, après 1656, a fait supprimer cette scène, effectivement peu satisfaisante. Que l'oracle du premier acte (v. 195-198 : relever les changements entre les deux quatrains, notamment dans les verbes) se soit trouvé réalisé est peut-être ce qui frappe le plus la peu intelligente Julie, mais les spectateurs, eux, doivent garder dans l'esprit les grands problèmes posés, concernant les rapports entre l'individu et l'État.

EXAMEN D' « HORACE »
par Corneille (1660)

C'est une croyance assez générale que cette pièce pourrait passer pour la plus belle des miennes, si les derniers actes répondaient aux premiers. Tous veulent que la mort de Camille en gâte la fin, et j'en demeure d'accord ; mais je ne sais si tous en savent la raison. On l'attribue communément à ce qu'on voit cette mort sur la scène ; ce qui serait plutôt la faute de l'actrice que la mienne, parce que, quand elle voit son frère mettre l'épée à la main, la frayeur, si naturelle au sexe [1], lui [2] doit faire prendre la fuite et recevoir le coup derrière le théâtre [3], comme je le marque dans cette impression [4]. D'ailleurs, si c'est une règle de ne le point ensanglanter, ce n'est pas du temps d'Aristote [5]
[10] qui nous apprend que, pour émouvoir puissamment, il faut de grands déplaisirs [6], des blessures et des morts en spectacle. Horace [7] ne veut pas que nous y hasardions les événements trop dénaturés, comme de Médée qui tue ses enfants ; mais je ne vois pas qu'il en fasse une règle générale pour toutes sortes de morts, ni que l'emportement d'un homme passionné pour sa patrie, contre une sœur qui la maudit en sa présence avec des imprécations horribles, soit de même nature que la cruauté de cette mère. Sénèque l'expose [8] aux yeux du peuple, en dépit d'Horace ; et chez Sophocle [9] Ajax ne se cache point au spectateur lorsqu'il se tue. L'adoucissement que j'apporte dans le second de ces discours [10] pour rectifier la mort de Clytemnestre ne peut être propre
[20] ici à celle de Camille. Quand elle s'enferrerait d'elle-même par désespoir en voyant son frère l'épée à la main [11], ce frère ne laisserait pas d'être criminel de l'avoir tirée contre elle, puisqu'il n'y a point de troisième personne sur le théâtre à qui il pût adresser le coup qu'elle recevrait, comme peut faire Oreste à Égisthe. D'ailleurs l'histoire est trop connue pour retrancher le péril qu'il court d'une mort infâme après l'avoir tuée ; et la défense que lui prête son père pour obtenir sa grâce n'aurait plus de lieu, s'il demeurait innocent. Quoi qu'il en soit, voyons si cette action n'a pu causer la chute de ce poème [12] que par là [13], et si elle n'a point d'autre irrégularité que de blesser les yeux.

---

1. Le sexe féminin. — 2. *Lui* : à Camille. — 3. Derrière la scène. — 4. Dans cette édition : voir les v. 1319-1321. — 5. Voir p. 19. — 6. Sens fort : maux, malheurs, désespoirs. — 7. Pas le héros de notre pièce, mais le poète, ami de Virgile, auteur d'un *Art Poétique* sous forme d'épître. — 8. Sénèque, philosophe et poète tragique latin du 1er s., expose cette situation : Médée tuant ses enfants. — 9. Poète tragique grec du Ve s. av. J.-C. Sa tragédie *Ajax* a été jouée à Paris en 1960, dans une adaptation de Jacqueline Moatti. — 10. Le second *Discours de la Tragédie*. On y trouve en effet ceci, à propos de l'*Électre* de Sophocle : « Pour rectifier ce sujet à notre mode, il faudrait qu'Oreste n'eût dessein que contre Égisthe ; qu'un reste de tendresse respectueuse pour sa mère lui en fît remettre la punition aux dieux ; que cette reine s'opiniâtrât à la protection de son adultère [c'est-à-dire de son amant, Égisthe], et qu'elle se mît entre son fils et lui si malheureusement qu'elle reçût le coup que ce prince voudrait porter à cet assassin de son père. » — 11. Si Camille se précipitait volontairement pour se suicider sur l'épée dégainée d'Horace. Corneille va critiquer ici, sans nommer son auteur, la solution que lui avait proposée l'abbé d'Aubignac, solution fausse à la fois du point de vue de l'histoire, de la vraisemblance, de la logique et de la psychologie. Voir p. 19. — 12. L'échec de cette tragédie. Corneille évoque ici les difficultés des premières représentations. — 13. Par ce seul défaut : nous montrer le meurtre de Camille par Horace sur la scène même.

Comme je n'ai point accoutumé de dissimuler mes défauts, j'en trouve ici
[30] deux ou trois assez considérables. Le premier est que cette action, qui devient
la principale de la pièce, est momentanée et n'a point cette juste grandeur que
lui demande Aristote, et qui consiste en un commencement, un milieu et
une fin. Elle surprend tout d'un coup; et toute la préparation que j'y ai donnée [1]
par la peinture de la vertu farouche d'Horace et par la défense qu'il fait à sa
sœur [2] de regretter qui que ce soit, de lui ou de son amant, qui meure au
combat, n'est point suffisante pour faire attendre un emportement si extra-
ordinaire et servir de commencement à cette action.

Le second défaut est que cette mort fait une action double, par le second
péril où tombe Horace après être sorti du premier. L'unité de péril d'un héros
[40] dans la tragédie fait l'unité d'action; et quand il en est garanti, la pièce est
finie, si ce n'est que la sortie même de ce péril l'engage si nécessairement dans
un autre que la liaison et la continuité des deux n'en fasse qu'une action; ce
qui n'arrive point ici, où Horace revient triomphant, sans aucun besoin de
tuer sa sœur, ni même de parler à elle [3]; et l'action serait suffisamment terminée à sa victoire. Cette chute d'un péril en l'autre, sans nécessité, fait ici
un effet d'autant plus mauvais que, d'un péril public où il y va de tout l'État,
il tombe en un péril particulier où il n'y va que de sa vie et, pour dire encore
plus, d'un péril illustre où il ne peut succomber que glorieusement, en un
péril infâme dont il ne peut sortir sans tache. Ajoutez, pour troisième imper-
[50] fection, que Camille, qui ne tient que le second rang dans les trois premiers
actes, et y laisse le premier à Sabine [4], prend le premier en ces deux derniers,
où cette Sabine n'est plus considérable, et qu'ainsi, s'il y a égalité dans les
mœurs [5], il n'y en a point dans la dignité des personnages, où se doit étendre [6]
ce précepte d'Horace:

> *Servetur ad imum*
> *Qualis ab incepto processerit, et sibi constet [7].*

Ce défaut a Rodelinde a été une des principales causes du mauvais succès
de *Pertharite* [8], et je n'ai point encore vu sur nos théâtres cette inégalité de
rang en un même acteur [9] qui n'ait produit un très méchant effet. Il serait
[60] bon d'en établir une règle inviolable.

Du côté du temps, l'action n'est point trop pressée et n'a rien qui ne me
semble vraisemblable. Pour le lieu, bien que l'unité y soit exacte, elle n'est
pas sans quelque contrainte. Il est constant [10] qu'Horace et Curiace n'ont point
de raison de se séparer du reste de la famille pour commencer le second
acte; et c'est une adresse de théâtre de n'en donner aucune, quand on n'en
peut donner de bonnes. L'attachement de l'auditeur à l'action présente
souvent ne lui permet pas de descendre à l'examen sévère de cette justesse,
et ce n'est pas un crime que de s'en [11] prévaloir pour l'éblouir, quand il est
malaisé de le satisfaire.

---

1. Corneille dit au contraire, dans son *Premier Discours du poème dramatique*, qu'il
n'a donné à cette mort « aucune préparation dans les trois actes qui précèdent »; mais
c'est ici qu'il a raison. — 2. II, 4, v. 518-519. — 3. De lui parler. — 4. C'était l'avis de
la plupart des spectateurs et critiques, au XVIIe s.; ce n'est plus le nôtre. — 5. Les
caractères. — 6. A laquelle doit s'appliquer aussi. — 7. « Qu'il demeure jusqu'à la fin
tel qu'il est apparu au début, constant avec lui-même. » — 8. *Mauvais succès* : insuccès.
Après *Pertharite* (1652), Corneille ne donna rien au théâtre pendant sept ans. —
9. Personnage. — 10. Certain. — 11. Se prévaloir de l'attachement de l'auditeur.
Corneille a développé cette idée dans son *Troisième Discours*.

70   Le personnage de Sabine est assez heureusement inventé et trouve sa vrai-semblance aisée dans le rapport à l'histoire, qui marque assez d'amitié et d'égalité entre les deux familles pour avoir pu faire cette double alliance.

    Elle ne sert pas davantage à l'action que l'Infante à celle du *Cid*, et ne fait que se laisser toucher diversement, comme elle, à[1] la diversité des événements. Néanmoins on a généralement approuvé celle-ci, et condamné l'autre. J'en ai cherché la raison, et j'en ai trouvé deux. L'une est la liaison des scènes, qui semble, s'il m'est permis de parler ainsi, incorporer Sabine dans cette pièce, au lieu que, dans *le Cid*, toutes celles de l'Infante sont détachées et paraissent hors œuvre :

80   *...Tantum series juncturaque pollet*[2] *!*

    L'autre, qu'ayant une fois posé Sabine pour femme d'Horace, il est néces-saire que tous les incidents de ce poème lui donnent les sentiments qu'elle en témoigne avoir, par l'obligation qu'elle a de prendre intérêt à ce qui regarde son mari et ses frères, mais l'Infante n'est point obligée d'en prendre aucun en ce qui touche le Cid ; et si elle a quelque inclination secrète pour lui, il n'est point besoin qu'elle en fasse rien paraître, puisqu'elle ne produit aucun effet.

    L'oracle qui est proposé au premier acte[3] trouve son vrai sens à la conclu-sion du cinquième. Il semble clair d'abord et porte l'imagination à un sens
90 contraire ; et je les aimerais mieux de cette sorte sur nos théâtres que ceux qu'on fait entièrement obscurs, parce que la surprise de leur véritable effet en est plus belle. J'en ai usé ainsi encore dans l'*Andromède* et dans l'*Œdipe*. Je ne dis pas la même chose des songes, qui peuvent faire encore un grand ornement dans la protase[4], pourvu qu'on ne s'en serve pas souvent. Je vou-drais qu'ils eussent l'idée[5] de la fin véritable de la pièce, mais avec quelque confusion qui n'en permît pas l'intelligence entière. C'est ainsi que je m'en suis servi deux fois, ici[6] et dans *Polyeucte*[7], mais avec plus d'éclat et d'artifice dans ce dernier poème, où il marque toutes les particularités de l'événement, qu'en celui-ci, où il ne fait qu'exprimer une ébauche tout à fait informe de
100 de ce qui doit arriver de funeste.

    Il passe pour constant que le second acte est un des plus pathétiques qui soient sur la scène, et le troisième un des plus artificieux. Il est soutenu de la seule narration de la moitié du combat des trois frères, qui est coupée très heureusement pour laisser Horace le père dans la colère et le déplaisir[8], et lui donner ensuite un beau retour à la joie dans le quatrième. Il a été à propos, pour le jeter dans cette erreur, de se servir de l'impatience d'une femme qui suit brusquement sa première idée et présume le combat achevé parce qu'elle a vu deux des Horaces par terre, et le troisième en fuite. Un homme, qui doit être plus posé et plus judicieux, n'eût pas été propre à donner
110 cette fausse alarme : il eût dû prendre plus de patience, afin d'avoir plus de certitude de l'événement, et n'eût pas été excusable de se laisser emporter si légèrement par les apparences à présumer le mauvais succès d'un combat dont il n'eût pas vu la fin.

    Bien que le Roi n'y paraisse qu'au cinquième, il y est mieux dans sa dignité que dans *le Cid*, parce qu'il a intérêt pour tout son État dans le reste de la

---

1. Par. — 2. « Tellement l'ordre et la liaison des scènes sont importantes » (Horace). — 3. V. 195-198. — 4. L'exposition. — 5. Contiennent l'idée et, par conséquent, la donnent aux spectateurs. — 6. V. 215 et suiv. — 7. I, 3. — 8. Sens fort : douleur.

pièce; bien qu'il n'y parle point, il ne laisse pas d'y agir comme roi. Il vient aussi dans ce cinquième comme roi qui veut honorer par cette visite un père dont les fils lui ont conservé sa couronne et acquis celle d'Albe au prix de leur sang. S'il y fait l'office de juge, ce n'est que par accident; et il le fait dans ce 120 logis même d'Horace, par la seule contrainte qu'impose la règle de l'unité de lieu. Tout ce cinquième est encore une des causes du peu de satisfaction que laisse cette tragédie; il est tout en plaidoyers, et ce n'est pas là la place des harangues ni des longs discours; ils peuvent être supportés en un commencement de pièce, où l'action n'est pas encore échauffée; mais le cinquième acte doit plus agir que discourir. L'attention de l'auditeur, déjà lassée, se rebute de ces conclusions qui traînent et tirent la fin en longueur.

Quelques-uns [1] ne veulent pas que Valère y soit un digne accusateur d'Horace parce que, dans la pièce, il n'a pas fait voir assez de passion pour Camille; à quoi je réponds que ce n'est pas à dire qu'il n'en eût une très forte, 130 mais qu'un amant mal voulu [2] ne pouvait se montrer de bonne grâce à sa maîtresse dans le jour qui la rejoignait [3] à un amant aimé. Il n'y avait point de place pour lui au premier acte, et encore moins au second; il fallait qu'il tînt son rang à l'armée pendant le troisième; et il se montre au quatrième, sitôt que la mort de son rival fait quelque ouverture à son espérance : il tâche à [4] gagner les bonnes grâces du père par la commission qu'il prend du Roi de lui apporter les glorieuses nouvelles de l'honneur que ce prince lui veut faire; et par occasion il lui apprend la victoire de son fils, qu'il ignorait. Il ne manque pas d'amour durant les trois premiers actes, mais d'un temps propre à [5] le témoigner; et dès la première scène de la pièce, il paraît bien 140 qu'il rendait assez de soins à Camille, puisque Sabine s'en alarme pour son frère. S'il ne prend pas le procédé de France, il faut considérer qu'il est Romain, et dans Rome, où il n'aurait pu entreprendre un duel contre un autre Romain sans faire un crime d'État, et que j'en aurais fait un de théâtre, si j'avais habillé un Romain à la française [6].

---

1. Corneille répond ici encore (voir p. 115, n. 11), sans le nommer, à l'abbé d'Aubignac. — 2. Mal accepté, non aimé. — 3. Le jour où son amant Curiace et elle se trouvaient enfin réunis (après deux ans). — 4. De. — 5. Pour. — 6. Corneille a toujours eu souci de cette vérité historique de ses personnages.

DOSSIER PÉDAGOGIQUE

Qu'est-ce qu'une tragédie?

Les études sur Corneille n'ont jamais été aussi nombreuses qu'aujourd'hui, et elles sont menées des points de vue les plus divers : historique, philosophique, politique, psychanalytique, moral, structuraliste, linguistique, etc. D'autre part, elles portent en général sur l'œuvre entière de Corneille qui s'est étendue, rappelons-le, sur presque un demi-siècle (1627-1674). Par cette diversité même, elles posent, sur les pièces les plus célèbres, en particulier sur *Horace*, des questions nouvelles qui peuvent susciter de nombreux débats.

La première de ces questions, il est vrai, est assez étonnante : *Horace* est-il une « tragédie »? La réponse dépend bien sûr de la définition qu'on se donne de la tragédie. Le critique marxiste LUCIEN GOLDMANN, à la suite de Georg Lukacs, appelle « tragédie » « toute pièce dans laquelle les conflits sont nécessairement insolubles », et « drame » « toute pièce dans laquelle les conflits sont ou résolus (tout au moins sur le plan moral) ou insolubles par suite de l'intervention accidentelle d'un facteur qui — selon les lois constitutives de l'univers de la pièce — aurait pu ne pas intervenir ». Les trois éléments nécessaires d'une tragédie sont, pour Goldmann, « Dieu, l'homme et le monde »; le drame, lui, comporte toujours une solution « intra-mondaine ». Conséquence : « Non seulement des pièces comme *le Cid*, *Horace* ou *Polyeucte*, mais encore *Bajazet*, *Mithridate*, *Iphigénie*, *Esther*, *Athalie* sont des drames et non des tragédies, ce dernier terme ne pouvant s'appliquer qu'à *Britannicus*, *Bérénice*, *Phèdre*, et jusqu'à un certain point *Andromaque*. » [1] BERNARD DORT précise : « En ce sens, aucune pièce de Corneille n'est véritablement une tragédie, sauf *Attila* » [1].

— Interrogez-vous. Quel est le conflit essentiel dans *Horace?* Ce conflit est-il insoluble? Si vous pensez qu'il est soluble, indiquez quelles sont, à votre avis, la ou les solutions possibles : 1º pour Rome et Albe; 2º pour chaque personnage.

— Dieu, ou les dieux, ou le Destin, vous paraissent-ils intervenir réellement dans la pièce? Pourquoi les personnages les invoquent-ils aussi souvent (citez quelques vers exemplaires)? A quels sentiments cela répond-il chez eux? (Attention : ces sentiments très complexes sont différents suivant chaque personnage).

---

1. On trouvera le titre des livres dont ces textes sont tirés, la date de publication et l'éditeur dans nos Orientations bibliographiques p. 126.

La pitié, la crainte, l'admiration

Pour Corneille lui-même, rappelons-le, les tragédies étaient les pièces qui faisaient appel, chez le spectateur, à trois sentiments essentiels : la pitié, la crainte, l'admiration (les deux premiers déjà indiqués par Aristote, le troisième ajouté par Corneille contre l'opinion de la plupart des théoriciens du XVIIᵉ siècle).

« Qu'un ennemi tue ou veuille tuer son ennemi, rappelle-t-il, cela ne produit aucune commisération, sinon en tant qu'on s'émeut d'apprendre ou de voir la mort d'un homme, quel qu'il soit. Qu'un indifférent tue un indifférent, cela ne touche guère davantage, d'autant qu'il n'existe aucun combat dans l'âme de celui qui fait l'action ; mais quand ces choses arrivent entre des gens que la naissance ou l'affection attache aux intérêts de l'un ou de l'autre, comme alors qu'un mari tue ou est près de tuer sa femme, une mère ses enfants, un frère sa sœur, c'est ce qui convient merveilleusement à la tragédie. La raison en est claire. Les oppositions des sentiments de la nature aux emportements de la passion, ou à la sévérité du devoir, forment de puissantes agitations, qui sont reçues de l'auditeur avec plaisir » *(Discours de la tragédie)*.

« La fermeté des grands cœurs, qui n'excite que de l'admiration dans l'âme du spectateur (même sans pitié ni crainte), est quelquefois aussi agréable que la compassion que notre art nous commande de mendier pour leurs misères » (examen de *Nicomède*).

— Les « sentiments de la nature », nous dit Corneille, peuvent être opposés, soit aux « emportements de la passion », soit « à la sévérité du devoir » ; on pourrait ajouter aujourd'hui : à la morale dominante, aux pressions sociales. Quels exemples choisiriez-vous dans *Horace* pour illustrer ces deux indications ?
— Pouvons-nous avoir de l'admiration, ici, pour tous les protagonistes de la pièce, même lorsque nous ne sommes pas exactement de leur avis ?

La politique et le langage

Une autre définition de la tragédie, lancée par NAPOLÉON, reprise par MALRAUX et par BRECHT, s'applique tout à fait bien à *Horace :* « La tragédie de notre temps, c'est la politique. » De plus, le style tragique, l'importance extrême donnée au langage, au vers, à la tirade, produisent chez les spectateurs l'effet de « distanciation » demandé par Brecht, c'est-à-dire la possibilité pour eux de garder, par rapport aux faits, le recul nécessaire à une réflexion utile, efficace, qui « démythifie » le langage lui-même.

« Corneille, écrit GEORGE STEINER, saisit la nature autonome de la vie politique d'une façon moderne. Et il a découvert une vérité essentielle : la politique est une traduction des mots en actes. Comme Pascal, Corneille est hanté par le rôle destructeur des mots dans les affaires politiques. Les personnages de Corneille se prêchent, littéralement, des haines inexpiables. La déclaration solennelle (la tirade) entraîne l'esprit à une excessive rigueur; les mots nous emportent vers des situations idéologiques d'où nous ne pouvons plus battre en retraite. C'est là le tragique fondamental de la politique. Slogans, clichés, abstractions verbales, fausses antithèses s'emparent de l'esprit : le Reich de mille ans, la reddition inconditionnelle, la guerre des classes. La conduite politique cesse d'être spontanée ou sensible à la réalité; elle cristallise autour d'un noyau de mots morts. Au lieu de rendre la politique dubitative et provisoire à la manière de Montaigne (qui savait que les principes ne sont supportables qu'à titre d'expérience), les mots enferment les hommes politiques dans l'aveuglement de la certitude ou l'illusion de la justice. La vie de l'esprit est rétrécie ou paralysée par le poids de l'éloquence. Au lieu de devenir maîtres des mots, nous en devenons les esclaves. »

— Analysez ce texte très riche. Éclaircissez les allusions : « Reich de mille ans »; « reddition inconditionnelle »; « guerre des classes ».

— Quels sont les *mots* de la tragédie qui vous paraissent entraîner et même souvent « aliéner » (précisez le sens de ce terme marxiste). Horace, Camille, le vieil Horace, Curiace?

La fascination de l'héroïsme

Depuis longtemps déjà, on a rejeté le fameux parallèle établi par La Bruyère : Corneille « peint les hommes comme ils devraient être », Racine « les peint tels qu'ils sont ». « Cela est éblouissant, commente Voltaire, mais cela est faux. » L'éthique cornélienne, montrent bien Octave Nadal et Reinhold Schneider, est une éthique de la « gloire », comme cela est particulièrement sensible dans *Horace*. Cette gloire est pratiquement orientable en tous sens, comme le courage, mais elle constitue, pour Corneille, « le signe évident de cette noblesse qui appartient à l'homme capable de devenir peu à peu son propre maître, de triompher de soi-même [...]. Elle signifie le dépassement de la personne, l'élan qui entraîne l'homme au-delà de l'humain ... . Ce qu'exige la gloire, c'est dans chaque cas la décision qui coûte le plus à la vie personnelle, qui taille le plus à vif dans la chair de l'homme » (Reinhold Schneider).

On comprend pourquoi les critiques modernes rattachent les héros de Corneille aux philosophies et aux mystiques de la volonté, en soulignant d'ailleurs que cette volonté ne l'emporte pas toujours.

Selon JACQUES MAURENS, « l'effort de Corneille, du *Cid* à *Polyeucte*, ne va qu'à figurer dramatiquement l'idée néo-stoïcienne et cartésienne de la générosité ... . C'est la lutte intime entre l'être naturel et l'être idéal (tel que se l'est formé le personnage) qui impose au spectateur l'évidence d'un héroïsme non plus donné mais conquis ».

PAUL BIZOS découvre chez Horace la « volonté de puissance » chère à Nietzsche (voir p. 55).

ANDRÉ STEGMANN, SERGE DOUBROVSKY citent HEGEL : « Des individualités animées d'une force unique, parvenues à cette hauteur où ce qu'il y a de purement accidentel dans l'individualité immédiate disparaît, voilà les héros tragiques, dit Hegel. Qu'ils incarnent les grandes puissances substantielles régissant le vouloir humain (amour, affections familiales, patriotisme, sentiment civique, volonté des chefs) ou qu'ils s'imposent par le courage et la fermeté que leur conquiert la libre assurance qu'ils ont d'eux-mêmes, ils s'élèvent pour ainsi dire par leur propre création au rang d'œuvres d'art vivantes » (*Esthétique*, III, 2, 3).

LOUIS HERLAND, pour sa part, va jusqu'à découvrir chez Horace « la vocation du sacrifice, une volonté tendue vers le dépouillement et la purification intérieure, et, pourquoi ne pas le dire? vers la sainteté (étant entendu que vouloir être un saint ne suffit pas) ».

ROGER CAILLOIS, au contraire, montre l'échec tragique, la *chute* d'un grand nombre de héros cornéliens, — dont Horace. « Il ne s'agit pas de devoir, mais de fascination [...]. Telle est la gloire, cime redoutable et abrupte où précipite la générosité : une *chute* vers le haut. J'écris *chute* à dessein, pour souligner l'irrésistible de l'aimantation [...]. Le devoir chez Corneille, d'ailleurs infiniment variable et personnel, n'est jamais que décision d'obéir aux consignes d'un honneur insatiable et secret, contagieux et jaloux, qui enivre sa proie, puis la laisse solitaire et parfois dévastée. »

— Curiace décide, dit-il, de « faire son devoir » (vers 462). Parvient-il à se mettre dans les conditions de le faire bien? Pourquoi ne demande-t-il pas à être remplacé lorsqu'il le peut (vers 781-792) puisqu'il juge ce qu'il va faire « inhumain »? Pourquoi accumule-t-il, pendant le combat, les fautes de tactique les plus grossières?

— Afin que Rome ne soit pas sujette, et par passion de la gloire, Horace se force à ne plus connaître Curiace. Y parvient-il? Reste-t-il maître de sa volonté jusqu'au bout, à votre avis? Est-ce par « raison », et pour accomplir un acte de justice, qu'il tue sa sœur Camille (vers 1319 et 1323)?

122

— Des trois personnages actifs de la pièce, Horace, Curiace, Camille, c'est Camille qui obtient le plus exactement, au quatrième acte, ce qu'elle veut de tout elle-même; venger celui qu'elle aimait, transformer Horace en vulgaire assassin, lui ravir la gloire dont il est si fier. En êtes-vous étonné?

La revanche de l'inconscient

Beaucoup de critiques l'ont remarqué, en particulier ANDRÉ GIDE, LOUIS HERLAND, JEAN STAROBINSKI, « Corneille ignorait (et pour cause) les théories modernes de l'inconscient, mais ses fictions ressemblent si bien à la vie qu'à plus d'une les méthodes de la psychanalyse semblent s'adapter à merveille » (Louis Herland).

Horace veut se créer un « Sur-Moi » conforme à son adoration pour Rome et à son culte de la gloire; pour faire ce qui lui est ordonné, il « refoule » son amitié très profonde pour Curiace et parvient à la faire disparaître pendant le combat... Mais l'épreuve terminée, dans l'ivresse de sa victoire, l'image de son « autre » lui-même (vers 444) revient invinciblement à son esprit; il ne peut la chasser, Camille la lui rappelle sans cesse avec une rage vengeresse. Dès lors il la tue. « Il ne sait pas qu'il la tue surtout pour échapper au souvenir de Curiace, dit Louis Herland, et qu'à travers elle c'est l'ombre de Curiace qu'il veut anéantir. »

— Estimez-vous probable que ce soit là la vraie cause du meurtre, la seule? Ou bien direz-vous qu'Horace tue sa sœur par colère et par passion à la fois, parce qu'elle insulte Rome et appelle sur elle la vengeance des dieux?

— Étudiez, à la lumière de la psychanalyse, le récit de Camille (vers 183 et suiv.), ses rêves (vers 216 et suiv.), sa réaction à ses rêves (vers 223 et suiv.).

Une œuvre de circonstance, d'une vérité toujours actuelle

Nous avons souligné, dans notre introduction (p. 14 à 20), qu'*Horace* était une œuvre « engagée », une œuvre de circonstance écrite en pleine guerre contre l'Espagne pour soutenir la politique de Richelieu. GEORGES COUTON ANTOINE ADAM, BERNARD DORT font la même analyse. La raison d'État triomphe des sentiments humains aussi bien que de la justice, le crime même de fratricide est « dissimulé » (vers 1755), étouffé. « Le roi, écrit BERNARD DORT, récupère le héros cornélien, convertissant l'affirmation éperdue de son seul moi en une adhésion à l'État et faisant de ce féodal métaphysique, un serviteur, le soutien même de l'État. »

Mais la monarchie n'est pas le seul régime à réussir pareille récupération. « Horace, explique ANTOINE ADAM, est imbu

123

de ce qu'on appelle aujourd'hui une conception totalitaire de l'État [...]. Nous imaginons aisément, trop aisément hélas, la vie de ce jeune héros, et par quelles voies une éducation fanatique l'a mené jusqu'à l'héroïsme et jusqu'au crime. »

— Le même homme peut-il être, à votre avis, un héros et un fanatique, un héros et un assassin? Pourquoi Horace accepte-t-il d'obéir *aveuglément* (v. 492), avec *allégresse* (v. 499), à n'importe quel ordre de Rome, *contre qui que ce soit* (v. 491), c'est-à-dire même contre ses plus proches amis, ses plus proches parents?

— Le même homme peut-il être à la fois courageux, humain, résolu à faire son devoir, — et le faire mal, causer sans le vouloir certes, mais par sa faute, sa propre perte et celle de son pays? Qu'est-ce qui condamne finalement Curiace? Est-ce son « humanité »?

— Le vieil Horace vous paraît-il plus, ou moins, fanatique que son fils? Développez votre réponse en l'appuyant sur des arguments.

« Il faut que ce qui est juste soit fort », nous enseigne PASCAL. La justice ou la justesse toutes seules sont impuissantes. Sur la paix et la guerre, sur la religion, sur les femmes, sur l'humanité en général, les conceptions albaines sont supérieures, dans la pièce, aux conceptions romaines. Mais Rome l'emporte, parce que ses représentants ont plus d'énergie morale que les Albains. C'est une terrible leçon, — et toujours actuelle.

Interprétation et mise en scène

Horace est une pièce qu'il est difficile de bien jouer. Il y faut quatre acteurs de premier ordre, très différents les uns des autres, mais qui sachent montrer, tous les quatre, à la fois la complexité et l'unité profonde de leur personnage [1]. Horace, Curiace, le vieil Horace, Camille sont des personnages en action, qui évoluent, — à l'opposé des mannequins tout d'une pièce qu'on voit parfois sur la scène; mais ce sont en même temps des personnages symboliques et typiques. De plus, comme l'indique très bien MAURICE DESCOTES, « aucune représentation de la tragédie ne sera vraiment complète et satisfaisante si elle ne réussit pas à mettre en évidence que l'unité profonde de l'œuvre réside dans le tableau d'une famille en guerre. L'interprétation idéale serait celle qui parviendrait à dégager cette vaste unité, celle d'un ensemble. Alors le cinquième acte, qui paraît si souvent languissant et comme surajouté, prendrait sa vraie valeur ».

---

1. Dans le disque 33 tours des Sélections Sonores Bordas, la pièce est interprétée par Jean-Louis Trintignant, Jean Négroni, Alain Cuny, Maria Tamar.

C'est seulement avec le jugement royal que s'achève la tragédie, dans le triomphe de l'État sur la famille, et la solitude du héros criminel.

Ajoutons que ce jugement du roi doit être rendu par lui non pas en public, comme dans l'ancienne mise en scène de Jean Debucourt à la Comédie-Française (photographie page 82), mais à huis clos, dans une salle de la maison d'Horace. Corneille l'a demandé non seulement parce qu'il voulait respecter l'unité de lieu recommandée par les théoriciens, mais aussi et surtout parce que, contrairement à Tite-Live, il ne voulait pas qu'Horace soit jugé par le peuple, car, sous Richelieu, c'est le Pouvoir seul qui décidait du châtiment ou de la récompense des individus. Le Roi décide de cacher le plus possible, à la fin de la pièce de Corneille, le crime du héros qui a osé assassiner une femme sans défense, sa propre sœur, parce qu'elle osait pleurer un « ennemi public » (vers 1269).

L'une des mises en scène les plus typiques de ces dernières années est celle d'Hubert Gignoux au Centre Dramatique de l'Est, à Strasbourg (photographies page 81). On était bien reporté comme il le fallait dans la Rome primitive, André Acquart ayant choisi pour le décor des matériaux bruts, la pierre, le cuir, le cuivre, et, pour les costumes, un drap épais, austère, ou des lainages à large trame. La guerre, de même était présente concrètement : on apercevait des blessés (Julie était infirmière), on voyait Horace se préparer physiquement aussi bien que moralement pour le combat fratricide, comme un gladiateur (gymnastique, puis massages, etc).

Et surtout on découvrait — c'est là, peut-on penser, une émotion proprement *tragique* avec quelle rapidité le fanatisme pouvait faire disparaître, chez Horace et le vieil Horace, les sentiments humains qui étaient d'abord les leurs.

Comment des spectateurs du XXᵉ siècle n'auraient-ils pas évoqué en eux-mêmes, sans qu'il y ait pourtant jamais anachronisme, non seulement la morale hitlérienne et ses conséquences, mais aussi, selon le vœu d'Hubert Gignoux, les diverses « maladies du cœur et de l'esprit » qui peuvent transformer les hommes en bêtes féroces à la fois héroïques et aveugles, aliénées en pleine sûreté de conscience? La pièce de Corneille était vivante. Elle a été redonnée dans cette mise en scène à la Télévision Scolaire, série « Du Texte au Théâtre ».

— Un metteur en scène a-t-il le droit, selon vous, d'actualiser un chef d'œuvre, de lui donner des prolongements qui n'avaient pas été prévus par son auteur?

A défaut de pouvoir jouer ou voir jouer *Horace* de cette façon, *en tragédie classique*, une toute autre solution est possible en classe : essayer de créer sur l'histoire même des Horaces et des Curiaces une pièce dans l'esprit d'aujourd'hui, donc en prose d'aujourd'hui et *avec toutes les libertés et possibilités du théâtre moderne* (qui étaient déjà, il est vrai, celles du théâtre de Shakespeare). Il pourrait y avoir ici par exemple, non pas un seul Horace et un seul Curiace, mais les six beaux-frères... Il pourrait y avoir, à côté du Roi et de Valère, le grand Pontife, des patriciens, des plébéiens, des Albaines, des Romaines, des profiteurs de guerre, des anciens combattants, des bandits, etc...

Ne croyez pas que ce soit là une tâche impossible dans une classe de lycée. Des élèves de 3e, sachez-le, ont tenté d'écrire eux-mêmes cette pièce sous la direction de leur professeur, Michel Thiéry, — et ils y sont parvenus. La pièce est publiée (Lycée Edmond Perrier de Tulle, imprimerie Maugein). Elle ne sera jamais citée dans les manuels de littérature, c'est probable, mais elle demeurera longtemps dans le souvenir de ses auteurs.

ORIENTATIONS BIBLIOGRAPHIQUES

Biographies et études générales

Auteur de tragédies, de comédies (son *Illusion comique* est toujours jouée sur nos théâtres populaires), poète galant et satirique (*Mélanges poétiques*, 1632, *Recueil Sercy*, 1660), poète religieux (voir p. 12), Corneille nous est présenté dans trois ouvrages qui donnent une bonne idée de sa personnalité complète et complexe, de la diversité de son génie :

J. Schlumberger, *Plaisir à Corneille*, Gallimard, 1936.
R. Brasillach, *Corneille*, Fayard, 1938.
L. Herland, *Corneille par lui-même*, éd. du Seuil, 1954.

Études historiques et littéraires

A. Adam, *Histoire de la littérature française au XVIIe siècle*, tome I, Domat, 1956.
H. C. Lancaster, *A History of French dramatic literature in the XVIIth century*, Baltimore, 1929-1942.
G. Couton, *Corneille*, Hatier, 1958.
B. Dort, *Pierre Corneille dramaturge*, L'Arche, 1957.

Études particulières d' « Horace »

L. Herland, « *Horace* » *ou la naissance de l'homme*, éd. de Minuit, 1952.

Ph. Bouvet, « la Tendresse dans *Horace* » dans *l'Information littéraire*, 1965, n° 4.

W. H. Barber, « Patriotism and Gloire in Corneille's *Horace* », *Modern Language Review*, XVII, 1951.

D. G. Charlton, « Corneille's dramatic theories and the didacticism of *Horace* », *French Studies*, XV, 1961.

L. E. Harvey, « Corneille's *Horace* : a study in tragic and artistic ambivalence », dans *Mélange Morris Bishop*, New York, 1962.

W. G. Moore, « Corneille's *Horace* », dans *Modern Language Review*, XXXIV.

Études thématiques

O. Nadal, *le Sentiment de l'amour dans l'œuvre de Pierre Corneille*, Hachette, 1949.

R. Schneider, *Grandeur de Corneille*, Alsatia, 1943 (étude du sentiment de la gloire).

S. Doubrovsky, *Corneille et la dialectique du héros*, Gallimard, 1953 (les contradictions de la liberté).

J. Starobinski, *l'Œil vivant*, Gallimard, 1961 (la « crise » cornélienne).

A. Stegmann, *l'Héroïsme cornélien*, A. Colin, 1968.   .

J. Maurens, *la Tragédie sans tragique*, A. Colin, 1966 (le néostoïcisme dans l'œuvre de Corneille)

L. Goldmann, *Racine*, L'Arche, 1900 (le genre tragique).

R. Caillois, « Tombeau de Corneille », dans *Rencontres*, PUF, 1978.

G. Steiner, *la Mort de la tragédie*, éd. du Seuil, 1965 (littérature comparée : d'Eschyle à Brecht en passant par Shakespeare, Corneille, Kleist, etc.).

Études techniques : structure, langage, dramaturgie

M. Descotes, *les Grands Rôles du théâtre de Corneille*, PUF, 1962.

G. Michaud, *l'Œuvre et ses techniques*, Nizet, 1963.

J. Boorsch, « Remarques sur la technique dramatique de Corneille », in *Yale dramatic studies*, XVIII et XXII, 1943 et 1951.

J. Scherer, *la Dramaturgie classique en France*, Nizet, 1956.

O. Nadal, « *Traité des passions* selon Corneille », dans *l'Information littéraire*, n° 1, 1949.

Cahier-Programme du Cycle Corneille au Théâtre national du Petit Odéon, février-novembre 1975.

TABLE DES MATIÈRES

Imprimerie Jean-Lamour, 54320 Maxéville
Dépôt légal : août 1994 — Dépôt légal 1re édition : 1962
Imprimé en France